城市轨道交通

线路与站场

主　编　张厚红

西南交通大学出版社
·成　都·

图书在版编目（CIP）数据

城市轨道交通线路与站场 / 张厚红主编. —成都：西南交通大学出版社，2021.9（2024.7 重印）
ISBN 978-7-5643-8250-6

Ⅰ. ①城… Ⅱ. ①张… Ⅲ. ①城市铁路—轨道交通—铁路线路—高等职业教育—教材 Ⅳ. ①U239.5

中国版本图书馆 CIP 数据核字（2021）第 183507 号

Chengshi Guidao Jiaotong Xianlu yu Zhanchang
城市轨道交通线路与站场

主编 张厚红

责任编辑	周 杨
封面设计	何东琳设计工作室
出版发行	西南交通大学出版社 （四川省成都市金牛区二环路北一段 111 号 西南交通大学创新大厦 21 楼）
发行部电话	028-87600564 028-87600533
邮政编码	610031
网 址	http://www.xnjdcbs.com
印 刷	四川森林印务有限责任公司
成品尺寸	185 mm × 260 mm
印 张	8.75
字 数	197 千
版 次	2021 年 9 月第 1 版
印 次	2024 年 7 月第 3 次
书 号	ISBN 978-7-5643-8250-6
定 价	29.80 元

课件咨询电话：028-81435775

PREFACE

前　言

随着我国国民经济的飞速发展和城市化进程的快速推进，城市人口迅速增加，城市交通压力越来越大，城市道路交通拥堵和道路交通带来的环境污染越来越严重。为解决日益严重的城市交通问题，国内众多城市建设或开通了城市轨道交通。城市轨道交通系统正逐步成为许多大城市交通发展战略中的骨干，我国的城市轨道交通行业也步入了跨越式发展的新阶段。

城市轨道交通的建设与发展，亟需大批城市轨道交通相关专业人才。而“城市轨道交通线路与站场”作为城市轨道交通运营管理专业重要的基础课程，一直没有适用的教材。本书根据高职教育的特点，采用项目—任务式编写体例，力求做到资料数据新，突出实用性，文字简洁明了，图文并茂，通俗易懂。全书分为六个项目，通过本课程的学习，学生可了解城市轨道交通线路规划和设计的基本知识，掌握城市轨道交通线路、车站及车辆基地的组成和功能，并学习站场设计的基本方法。

本书由南京铁道职业技术学院张厚红负责总体框架结构和统稿工作。参与编写工作的还有南京铁道职业技术学院陈瑜、张苏敏，南京地铁运营公司吴倩影。具体编写分工为：张苏敏编写项目一、项目三，陈瑜编写项目二，吴倩影编写项目四，张厚红编写项目五、项目六。本书由南京铁道职业技术学院常治平主审。

本书在编撰过程中，得到了南京铁道职业技术学院运输管理学院领导与老师的大力支持，也得到了上海、南京、厦门等地铁有限责任公司的领导及多位专家的帮助，才能使得本书能够顺利完成，在这里表示衷心的感谢。

由于编者水平有限，书中难免存在不足和不妥之处，恳请广大读者不吝批评指正，以便及时修正。

编　者

2021 年 6 月

CONTENTS

目 录

项目一　城市轨道交通线路规划设计

在现代城市化发展的历程中，城市的经济发展使得城市人口增加迅速。而随着城市人口的增加，城市的交通、环境、资源及住房等问题相继凸显。解决城市化进程中遇到的交通、环境问题，是现代城市发展的重中之重。

城市轨道交通是城市公共交通的骨干，具有节能、省地、运量大、全天候运营、无污染（或少污染）又安全等特点，属于绿色环保交通体系，特别适应于大中城市。其线网的规划不仅在很大程度上决定了线路建设工程的投资大小和难易程度、系统运营的效率与服务水平，更是直接影响城市的总体布局形态，进而影响城市的社会经济发展和人们的生活方式。因此，城市轨道交通线网规划是城市轨道交通建设中至关重要的环节。

任务一　城市轨道交通线路定义与分类

城市轨道交通是一种在城市中利用轨道列车进行人员运输的方式。根据《城市公共交通分类标准》（CJJ/T 114—2007）中的定义，城市轨道交通为采用轨道结构进行承重和导向的车辆运输系统，依据城市交通总体规划的要求，设置全封闭或部分封闭的专用轨道线路，以列车或单车形式，运送相当规模客流量的公共交通方式。

城市轨道交通按系统运输能力划分为高运量、大运量、中运量和低运量四个量级系统。

（1）高运量系统：单向运输能力为 4.5 万 ~ 7 万人次/小时。

（2）大运量系统：单向运输能力为 2.5 万 ~ 5 万人次/小时。

（3）中运量系统：单向运输能力为 1 万 ~ 3 万人次/小时。

（4）低运量系统：单向运输能力小于 1 万人次/小时。

《城市公共交通分类标准》中明确城市轨道交通包括：地铁系统、轻轨系统、单轨系统、有轨电车、磁浮系统、自动导向轨道系统和市域快速轨道系统。此外，随着交通系统的发展已出现其他一些新交通系统。

城市轨道交通系统的选择，主要应根据城市规模、建设目的、远期的预测客流量、交通特征和工程技术经济等情况并结合城市规划进行。

1. 地铁系统

地铁的原始意义是修建在地下隧道中的铁路，是一种大运量的轨道运输系统，采用电力牵引、轮轨导向，轴重相对较重。随着地下铁道的发展，其线路布局已不仅仅局限在地下隧道，而是根据需要可以布置在地面或采用高架的方式修建，但城区内的线路还是以地下为主。

地铁技术水平要求较高，可靠性和安全性要求也高，因此有建设成本高、建设周期长的弊端，但地铁也具运量大的优势，其单向小时输送能力可达 3 万 ~ 7 万人次（根据线路客运规模的不同，可分为高运量地铁和大运量地铁）。根据地铁的技术经济特点，主要适用于经济较发达、人均收入水平较高且客源充足、具有强大客流方向的城市市区和近郊区，可成为城市交通线网的主干线和大通道。

图 1-1 南京市轨道交通三号线

地铁系统的车辆基本车型为 A 型车、B 型车和 L_B 型车。列车编组通常由 4 ~ 8 辆组成，列车长度为 70 ~ 190 m，最高行车速度不应小于 80 km/h。

2. 轻轨系统

轻轨系统是一种中运量的轨道运输系统，亦采用轮轨体系，主要在地面或高架桥上运行，遇繁华街区也可进入地下或与地铁接轨。轻轨的原始意义是其线路采用的钢轨较轻，其整体的技术标准也低于地铁。轻轨系统既可在技术上自成体系，也可采用地铁技术制式，几乎与地铁难以辨别。随着轻轨线路的相关技术标准与地铁接近，其运输能力也相应得到了提高。轻轨主要适用范围为单向小时客流量在 1 万 ~ 3 万人次的城区和郊区。

轻轨车辆包括 C 型车和 L_C 型车。采用 C 型车的列车编组通常由 1 ~ 3 辆组成，最高行车速度不应小于 60 km/h。

图 1-2 上海轨道交通 6 号线

3. 单轨系统

单轨系统是一种车辆与特制轨道梁组合成一体运行的中运量轨道交通系统，轨道梁不仅是车辆的承重结构，同时也是车辆运行的导向轨道。独轨系统的线路通常采用高架结构，车辆则大多采用橡胶轮胎，振动与噪音大为减少，但橡胶轮与轨道梁摩擦会产生粉尘，对环境有轻度污染。城市独轨铁路从构造形式上大致可分为两种，即跨座式和悬挂式。跨座式是车体位于走行轨道的上方、车辆跨骑在走行轨道上行驶的型式。悬挂式是车体位于走行轨道下方、车辆悬挂在走行轨道下行驶的型式。单轨系统施工比较简单，爬坡能力强，每小时可运送乘客 1 万 ~ 3 万人次，适合于在地面起伏较大的城市修建。

（a）重庆市跨骑式独轨系统

（b）开封市悬挂式独轨系统示范段

图 1-3　单轨系统

单轨系统的列车通常为 4 ~ 6 辆编组，列车长度在 60 ~ 85 m，最高行车速度不应小于 80 km/h。

4. 有轨电车

有轨电车是一种在城市道路上修建轨道并采用空中架设输电系统的城市轨道公共交通系统。有轨电车通常采用地面线，有时也有隔离的专用路基和轨道，隧道或高架区间仅在交通拥挤的地带才采用。有轨电车系统的建设投资较小，见效较快，但运输能力也相对较小，每小时可运送乘客在 1 万人次以下。旧式的有轨电车由于共用路权，运行受干扰多，速度慢，一度接近废弃边缘。但近年来随着人们环保意识的增强，有轨电车在不少城市有复苏的迹象。

现代有轨电车与轻轨已很接近，只是车辆尺寸稍小一点，可以单车运行也可连挂运行，运营速度接近 20 km/h。我国备受瞩目的有轨电车系统是天津泰达现代有轨电车项目。

图 1-4 天津有轨电车系统

5. 磁浮系统

磁浮系统是一种运用“同性相斥、异性相吸”的电磁原理，依靠电磁力使车厢悬浮并行走的轨道运输方式。磁浮列车相对能耗低、易拐弯、能爬坡、选线灵活、适应能力强、噪音小、无污染。磁悬浮高速线路所要求的转弯半径比传统铁路要小得多，且具有最高 10%的爬坡能力。这使磁悬浮线路能够更灵活地适应地形，可以减少造价。由于无轮轨间的摩擦，在相同速度下，磁悬浮列车的噪音低于传统的轮轨铁路。

磁悬浮列车通过电磁力实现列车与轨道之间的无接触的悬浮和导向，再利用直线电机产生的电磁力牵引列车运行。目前，磁悬浮系统主要有两种类型，一种是高速磁悬浮列车，其最高行车速度可达 500 km/h 以上，适合远距离交通；另一种是中低速速磁悬浮列车，其最高行车速度可达 100 km/h。我国第一列磁悬浮列车（购自德国）于 2003 年 1 月开始在上海磁浮线上运行，最高运营速度 430 km/h。2016 年 5 月 6 日，中国首条具有完全自主知识产权的中低速磁悬浮商业运营示范线——长沙磁浮快线通车试运营，设计最高速度为 100 km/h。该线路也是世界上最长的中低速磁浮运营线。

（a）上海市磁浮线

（b）长沙磁浮快线

图 1-5　磁浮系统

6. 自动导向轨道系统

自动导向轨道系统是车辆采用橡胶轮胎在专用轨道上运行的一种中小运量旅客运输系统，其列车沿着特制的导向装置行驶，可实现全自动化和无人驾驶技术，在繁华市区线路可采用地下隧道，市区边缘或郊外宜采用高架结构。

自动导向轨道系统完全由计算机控制，行车密度范围可以根据乘客的多少随时调整，能够以高密度的行车组织方式运行，使用灵活，方便快捷。这种系统黏着力大，爬坡能力强，还可以通过小半径曲线，对于复杂的地形适应性好，因此主要用于穿梭式或环形式乘客运输、大型机场的登机厅与机场主楼之间的旅客运输、游乐场所以及大型社区范围内的旅客运输等，通常采用点对点运营，必要时中间可设少量停靠站。

广州 APM 线（全称广州市珠江新城核心区市政交通项目旅客自动输送系统，Zhujiang New Town Automated People Mover System，简称 APM 线）是广州第一条使用胶轮路轨系统的路线，于 2010 年 11 月 8 日开通并试运行。列车采用两节编组、橡胶轮胎、第三轨供电，全程无人驾驶。

图 1-6　广州 APM 列车

7. 市域快速轨道系统

市域快速轨道交通系统是一种大运量的轨道运输系统，客运量可达 20 万 ~ 45 万人次/日（一般不采用高峰小时客流量的概念）。市域快速轨道交通系统适用于城市区域内重大经济区之间（通常在 100 km 以内）的客运系统。市域快速轨道列车主要在地面或高架桥上运行，必要时也可在隧道内行车。当采用钢轮钢轨体系时，标准轨距亦为 1 435 mm，由于线路较长，站间距相应较大（一般为 2 ~ 5 km），必要时可不设中间车站，可根据不同区域情况配备速度在 120 ~ 160 km/h、不同供电制式的地铁车辆或专用市域快轨车辆。

市域快速轨道交通系统极大拓展了城市的空间，降低了城市中心区的密度，减缓了市内交通拥挤，提高了都市的生活质量。它将城市内部的轨道交通影响范围拓展到城市之外，将地铁、轻轨等交通方式结合在一起，形成了一个庞大便捷的环都市圈交通网络。

图 1-10 为市区和郊区间短途通勤客运的 CRH6 型动车组的内部座椅设计。

图 1-7　CRH6 型动车组座椅

不同类型的轨道交通系统有不同的特点，它们的运输能力、占地面积、造价等均不同，这就决定了不同规模、不同特征的城市应根据自身实际情况合理选择，比如特大城市优先选择地铁、轻轨；大中型城市优先选择高架或地面轻轨、单轨；山城和沿海城市优先选择单轨，同时也应考虑城市的经济承受水平。

任务二　城市轨道交通线路线网规划

城市轨道交通是建设周期最长、投资最大的交通基础设施。由于城市轨道系统建设要求高、施工难度大、设备技术标准高，每千米线路的修建往往需要几亿元的投入。而且城市轨道交通线路一般是永久性结构（如地下隧道、高架结构），建成后几乎无调整的可能性。

2018 年 7 月 13 日，国务院发布了《关于进一步加强城市轨道交通规划建设管理的意见》,（以下简称《意见》），明确城市轨道交通建设应遵循量力而行、有序推进、因地制宜、经济适用的基本原则，并严格规定了建设申报条件：城市轨道交通系统，除有轨电车外均应纳入城市轨道交通建设规划并履行报批程序。地铁主要服务于城市中心城区和城市总体规划确定的重点地区，申报建设地铁的城市一般公共财政预算收入应在 300 亿元以上，地区生产总值在 3 000 亿元以上，市区常住人口在 300 万人以上。引导轻轨有序发展，申报建设轻轨的城市一般公共财政预算收入应在 150 亿元以上，地区生产总值在 1 500 亿元以上，市区常住人口在 150 万人以上。拟建地铁、轻轨线路初期客运强度分别不低于每日每千米 0.7 万人次、0.4 万人次，远期客流规模分别达到单向高峰小时 3 万人次以上、1 万人次以上。以上申报条件将根据经济社会发展情况按程序适时调整。《意见》还强调了规划衔接提高建设规划质量。

城市轨道交通线网的布局是否合理，直接关系到轨道交通能否在城市公共交通中发挥重要的作用，直接关系到基本建设费用能否合理降低造价、节约经费，也关系到能否有利于城市各项设施的建设以及方便、有效地为居民生活服务。如果轨道交通线网的规划不够合理，那么就会直接影响到城市的建设和长远的发展。由于线网的规划与城市用地规划紧密相关，因此在轨道线网建设中必须对线网规划做到心中有数。城市轨道交通线网布局合理与否，将决定城轨交通能否最有效地吸引运输客流。而且，国内外的经验证明，轨道交通的建设只有在形成一定的线网规模时才可以吸引更大的客流。

一、线网规划设计原则

城市轨道交通线网是指多条轨道交通线路通过换乘车站衔接组合而形成的线网系统。轨道交通线网规划包括线网结构和线网方案两个研究阶段。线网结构研究的主要任务是确定轨道交通线网的基本结构；线网方案研究的主要任务是确定轨道交通线网的规划布局，原则确定各条线路的敷设方式。线网规划应根据城市交通需求的特征，划分城市轨道交通线网的功能层次，提出不同层次线网的服务水平指标。线网规划应进行多方案比较和研究，通过对轨道交通线网规划方案的评价，研究确定较优方案。线网规划应考虑系统安全保障要求，线网方案应有利于自然灾害防范。

自 1863 年 1 月 10 日世界上第一条地铁在伦敦建成通车后，世界上已有 100 多个城市建有轨道交通系统，其中伦敦、巴黎、柏林、纽约、东京、莫斯科等早已形成线网，我国的北京、上海、香港、广州等城市轨道交通亦初步形成线网规模。所以我们在线网规划设计时，应借鉴国内外轨道交通线网规划的经验，遵循以下原则。

1. 线网的规划要与城市客流预测预测相适应

通过对城市主要交通干道的客流预测，定量地确定各条线路单向高峰小时客流量，也就可以确定每条线路的规模。规模确定后，就可以确定其为高容量、大容量、中容量还是小容量的轨道交通。大城市修建轨道交通的最主要目的是方便出行，为居民提供方便、快捷的交通服务，尤其是对中、远程乘客，城市轨道交通应是最能满足出行要求的交通方式。居民每天出行的交通流向与城市的规划布局有密切关系，轨道交通只有沿城市交通主客流方向布设，才能最大限度满足居民快速、方便的出行需要，并能充分发挥城市轨道交通客运量大的功能，对提高城市的社会效益、经济效益以及企业内部的经济效益都是非常有益的。

2. 线网规划必须符合城市的总体规划

城市轨道交通规划必须依据城市总体规划和城市交通规划编制，城市轨道交通规划也是城市总体规划的重要组成部分。交通引导城市发展是一条普遍规律。我国城市发展大都是围绕老城，呈现一种摊大饼式的发展模式。这种发展模式与发达国家在 19 世纪末的发展模式相类似。城市轨道交通的发展改变了大都市地区的发展形式，使城市沿轨道交通走廊轴向伸展，而小汽车及高速公路的飞速发展则带来了城市蔓延和郊区中心的出现。如上海市新一轮总体规划中确定城市发展的四个伸展轴，无不依附于相应的城市轨道交通干线。

城市轨道交通的规划和建设，还可带动沿线住宅和商业区的开发和升值。国际上成功的做法是：先修路、后建房，政府修路，商家建房。政府可以通过规划建设轨道交通，促进沿线城市发展，带动土地升值，土地升值带来的效益又可以用于新的市政建设，从而使城市的发展走上良性循环的道路。

城市轨道交通线网规划要与城市的远景规划相结合，具有前瞻性。巴黎市郊快速轨道发展规划是在巴黎城市总体规划和土地使用规划的基础上，结合巴黎市远期发展制定的。在巴黎从单中心向多中心转变的过程中，巴黎的规划部门已经预见到由此带来的客流潜力，及时规划和建设了地区快速轨道交通线，从而在转型发展期间成功地疏散了大量客流。交通的便捷也能反过来促进各中心区经济迅速发展，从而使城市步入良性发展的轨道。

3. 规划线路要尽量沿城市主干道布设

城市轨道交通线网应联系城市主要客流集散设施，交通线路应贯穿连接城市交通枢纽对外交通中心（如火车站、飞机场、码头和长途汽车站等）、商业中心、文化娱乐中心、大型的生活居住区等客流集散数量大的场所，以减少线路的非直线系数和缩短居民的出行时间。这样规划的轨道交通线，可以满足城市居民由于工作、学习或购物等原因外出换乘需要，最大限度地吸引客流，使经济效益和社会效益显著提高。另外，沿城市主干道布置的轨道交通线，可以减少动迁拆除费，大型主干道路面宽阔，便于工程施工的开展，减少对城市居民生活的干扰。

4. 线网中线路布置要均匀

线路密度要适量，乘客换乘要方便，换乘次数要少。乘客出行对距离的远近不是主要问题，而最关心的是一次出行在旅途中要花多少时间。线网密度、换乘条件及换乘次数同出行时间关系极大，并且直接影响着吸引客流大小的问题。根据国内外的经验，两平行网线间的距离在市区一般以 1 400 m 左右为宜，同时要与街道布局相配合，除特殊情况外，两线间距离最好不少于 800 m 且不大于 1 600 m。在市郊两线间距离可以适当增大，若乘客必须换乘时，除在设计中创造方便的换乘条件之外，最好经一次换乘就能达目的地，最多不要超过两次。

5. 大城市的交通组织一定要构成立体交通体系

大城市的发展以城市轨道交通为骨干，常规的公共交通为主体，辅之以其他交通方式，构成多方位、多层次立体交通体系。居民出行时间由步行时间、候车时间、换乘时间和乘车时间四部分组成。城市轨道交通是城市大运输量交通系统，因投资巨大、建设周期长，短时间无法形成密度适中的线网。为了减少乘客出门换乘轨道交通的不便，城市轨道交通应做好与城市其他交通形式如公共汽车、小汽车和自行车等的衔接。一般城市公共交通应服务到门，如与主干道上的快速轨道变通的车站换乘联系甚至联运，这样可减少居民出门步行时间。

6. 线网中各条规划线路上的客运负荷量要尽量均匀

要避免个别线路出现负荷过大或过小的现象。注重考虑线路吸引客流能力，穿越商业中心、文化政治中心、旅游点、居民集中区次数要均衡。居民出行可达性要好，乘客平均乘距与线路长度的比值要大，并且越大越好。

7. 在考虑线路走向时，应考虑沿线地面建筑情况

要注意保护重点历史文物古迹和保护环境。要先考虑地形、地貌和地质条件，尽量避开不良地质地段和重要的地下管线等构筑物，以利于工程的施工和降低造价。线路位置应考虑与地面建筑、市政工程相结合及综合开发的有利条件，充分开发利用地上、地下空间资源，以利于提高工程实施后的经济效益和社会效益。

8. 尽可能利用城市旧有的铁路设施

上海市轨道交通 3 号线充分利用了旧有的淞沪、沪杭两条铁路线。规划中的南京地铁 8 号线也拟充分利用市内的宁芜铁路旧线，这样既可以减少地面拆迁费用，又解决了困扰广大市民铁路道口交通通行的难题,该工程可使既有铁路的多处平交道口得以解脱，从而大大改善了地面公共交通的拥挤堵塞状况。

9. 规划好车辆段的位置和用地范围

车辆段（厂）是城市轨道交通的车辆停放和检修的基地，在规划线路时，一定要同时规划好其位置和用地范围。另外还要规划好设备维修、维修材料供应和人才培训基地的用地等。该基地最好和车辆段（厂）规划在一起，若条件不允许时可单独设计。这些基地占地面积较大，在寸土寸金的大城市里，规划设计一定要做到合理用地。一般车辆段、检修厂设置在一条线路的两端郊区，这样可以方便地面铁路运输的轨道交通车辆、设备与材料等经由车辆段（厂）进入轨道交通的地下和高架线路。在网线之间为便于线路调用车辆，还要设置联络线。

10. 规划好环线的布设

一个城市轨道环线的布设要在客流预测的基础上，经过分析比较、优化组合确定，不可生搬硬套，要做到因地制宜。环线的主要作用是为了减少不必要到市中心换乘的客流，并使沿环线乘行的乘客能直达目的地，提高其可选性，以起到疏散市中心客流的作用。所以，环线除方便乘客换乘和减少市中心客流压力外，一定要保证在环线上日常有足够的客流，不然环线客流负荷强度太小，会影响其运营效率和企业的经济效益。

11. 规划好各线路的修建顺序

在确定线路规划网中的各条线路修建程序时，要与城市建设规划和旧城改造计划相结合，以保证城市轨道交通工程建设计划实施的可能性和连续性以及工程技术和经济的合理性。

二、线网的结构形式

根据城市规划现状与规划情况编制的线网中各条线路组成的几何图形一般称为线

网的结构形式，其形式一般要与城市道路网的结构形式相适应。

虽然世界各国城市轨道交通线网结构形式千差万别各有特色，但从几何形状区分，主要归纳为星形结构、树状结构（条带形）、栅格网状结构（棋盘式）、放射形结构、设置环线的线网结构等，如图 1-8 所示。

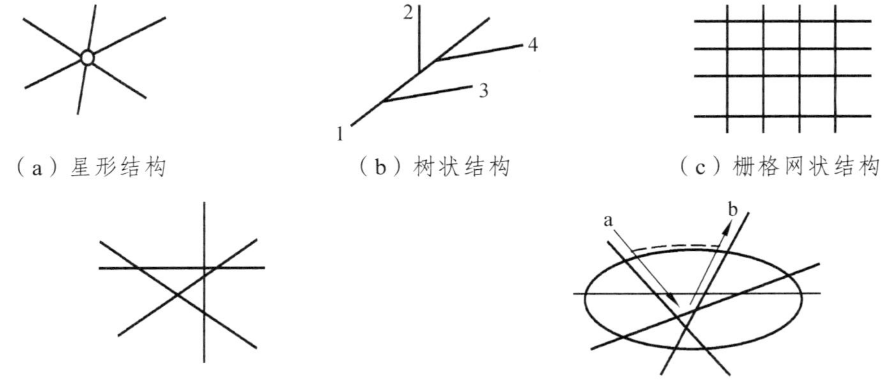

（a）星形结构　（b）树状结构　（c）栅格网状结构

（d）放射网状结构　（e）放射-环形网状结构

图 1-8　线网几何结构图形

1. 星形结构

星形结构是指线网中所有的线路只有一个交点（换乘站）的结构，如图 1-8（a）所示。其唯一的换乘站一般都位于市中心的客流集散中心。这种线网结构中所有线路间都可以实现直接换乘，但换乘站上的客流量大，换乘客流相互干扰也大，常易引起混乱和拥挤。此外，换乘车站设计与施工的难度也大，一般要采用分层换乘，这使得车站埋深加大，车站建设费用增加，乘客换乘时间延长，车站通风、排水及运营费用也会有所增加。由于所有线路都通达市中心，并且由一条线路到另一条线路只要一次换乘就可以实现，但是市郊之间联系不便，必须经过市中心的换乘站。所以，在两条以上放射线相交时，要尽量避免出现这种结构。

2. 树状（条带形）结构

树状结构是指 N 条线路有 $N-1$ 个交叉点（换乘站），且在网络中没有网格结构，形如树枝状，如图 1-8（b）所示。这种结构适合于沿江或沿山谷条带状发展的城市地域。这种结构连通性差，线路间换乘不方便，两条树枝线间至少要换乘两次才能实现互通。此外，线路上客流分布不均，同一线路上两个换乘站之间的路段因担负着大量的换乘客流，客流量较换乘站外侧路段显著增加，给线路的行车组织带来困难。

3. 栅格网状结构（棋盘式）

栅格网状结构是指由若干线路（至少四条）大多呈平行四边形交叉，所构成的线网多为四边形线网结构。这种线网最大的缺点是二次换乘多，如结合城市干道线网必须采用这种结构形式时，应尽量将分叉点布置在大的客流集散点上，以减少换乘次数、方便乘客。从目前已经建成的这种线网形式的大阪和墨西哥城两个城市的情况来看，这种结构在内城区分布比较均匀，但线路深入市郊的不多。由于存在回路，这种结构连通性好，乘客换乘的选择较多。其线路多为平行分布，方向简单，一般只有纵横两个方向，能提供很大的运输能力，线路和换乘站上的客流分布也比较均匀，但由于没有通达市中心的径向线路，市郊到市中心出行不便。

4. 放射网状结构

放射网状结构指线路（至少三条）多为径向线，且线路交叉所成的网格多为三角形的线网结构。从目前已经采用这种结构且发展比较成熟的几个城市系统情况来看，多数线路都在中心区发生三角形交叉，市中心区线路和换乘站密集而均匀，线网连通性好，乘客换乘方便。在规模不大的情况下，任意两条线路间都可以实现直接换乘，线网中交织成网的部分影响范围较小，但深入市郊的射线很长。这种线路由于各方向都有线路通达市中心，市郊到市中心的出行方便，市中心区对市郊的经济辐射距离较远。其缺点是市郊区之间发生联系必须到市中心区的换乘站换乘，会导致乘客走弯路。

5. 设置环线的线网结构

环线常见于一些规模很大的城市， 设置环线可加强中心区边缘各客流集散点的联系，并可以通过换乘分流外围区之间的客流，减轻中心区的交通压力。由于环线和所有经过径线可以直接换乘，整个线网连通性好，方便了环线上的直达乘客和相邻区间需要换乘的乘客，而且能有效地缩短市郊乘客利用轨道交通出行的总里程和时间，还可以起到疏散市中心客流的作用。环线是否能串联足够规模的客流集散点，这些客流集散点在环线方向上是否能承担庞大的出行量是设置环线成败的关键。

世界上轨道交通网络规模较大的城市大都采用这种结构，如莫斯科、巴黎、东京、上海、北京等。环线结构一般在城市中心城区布置一条轨道交通环线（可以是地铁或市区地面铁路），市郊铁路的终点站均可位于该环线上，与地铁系统在此构成换乘，实现市内轨道交通与郊区铁路的一体化。

实际上，大多数城市的轨道交通线网因时就势，形态往往比较复杂，而不是简单地呈现单一的特征结构。他们往往是由多种单一线网结构有机结合而成的一个完整的线网形式。

图 1-9 为 2020 年的北京城市轨道交通线网图。

图 1-9　北京城市轨道交通线网图

任务三　城市轨道交通线路设计

线路设计阶段的任务是在规划线网和预可行性研究的基础上，对拟建的城市轨道交通线路的平面和竖向位置，通过不同的设计阶段，逐步由浅入深，不断比较线路平面、纵剖面和坡度、线路与车站的关系，最后得到城市轨道交通线路在城市空间中的准确位置。

线路的设计阶段一般可分为四个阶段，即可行性研究阶段、总体设计阶段、初步设计阶段和施工设计阶段。

（1）可行性研究阶段主要是通过线路多方案比选，完善线路走向、路由、敷设方式，确定车站、辅助线等的分布，提出设计指导思想、主要技术标准、线路平纵剖面及车站的大致位置等。

（2）总体设计阶段是根据可行性研究报告及审批意见，通过方案比选，初步确定线路平面位置、车站位置、辅助线形式、不同敷设方式的过渡段的位置，提出线路纵剖面的初步标高位置等。

（3）初步设计阶段是根据总体设计文件及审查意见，完成对线路设计原则、技术标准等的确定，确定线路平面位置、基本稳定车站位置及右线纵剖面设计。

（4）施工设计阶段是根据初步设计文件及审查意见，有关专业对线路平纵剖面提出的要求，对部分车站位置及个别曲线半径等进行微调，对线路平面及纵剖面（包括左线）进行精确计算和详细设计，提供施工图纸说明文件。

一、城市轨道交通线路的空间布置

城市轨道交通线路按空间布置方式不同，可分为地下线路、高架线路、地面线路，应根据城市总体规划和地理环境条件因地制宜地选择。

1. 地下线路

地下线路铺设于地下隧道内，轨下基础常为带枕浇筑式的整体道床。其优点是与地面交通完全分离，且不占城市地面与空间，基本上不受气候影响；其不足之处在于需要较大投资、较高的施工技术、较先进的管理以及完善的环控、防灾措施与设备，建设过程仍会影响地面交通，运营成本较高，改造调整与线路维护均较困难。

2. 高架线路

高架线路铺设于高架结构物上，轨下基础为支撑块式的整体道床。高架线路与地面交通无干扰，造价介于地下与地面之间，施工、维护、管理、环控、防灾等诸方面都较地下线路方便；但要占用一定的城市用地并有光照、景观、噪声等负效应，也受气候变化的影响。

3. 地面线路

地面线路的上部结构保留了铁路线路的特点，轨下基础常采用传统的碎石道床。其优点是弹性好、造价低、施工简便、运营成本低、线路调整与维护较易；不足是不稳定，在列车碾压和冲击下几何尺寸较易变形，必须进行经常性的养护和矫正；占地面积较多，线路封闭给地面带来的隔离影响，破坏城市道路路面，使城市道路交通复杂化，容易受气候影响，乘车环境难改善，有一定的污染负效应（如噪声、景观等）。

在同一条轨道交通路线上可采用上述三种不同的空间布置方式。城市中心区的建筑密集、道路狭窄、交通拥挤、人口众多，为减少建设中的困难和消除噪声、振动等对城市的有害影响，城市轨道交通线路一般设在地下，也可适当布置为高架方式。进入地面建筑稀少、路面宽阔的城市边缘区及郊区，可考虑设在高架线或地面线以降低工程造价。由正线通往车辆段/停车场时，线路由地下或高架延铺至地面。

地面线路和高架线路对乘客来讲比地下线路安全感好，噪音小、豁亮通畅，可饱览市容，乘车比较舒服，而对沿线居民产生的影响就不同了。所以，在定线时一定要充分考虑行车、维修产生的振动、噪声，以及乘客视线对居民生活的影响；同时要防止建筑物内废弃物投掷到线路上影响行车安全；在建筑结构、供电设计中更要处理好景观对城市的影响。地面线路和高架线路距建筑物的距离，应根据行车安全、消防、减振、降噪、景观和保护居民隐私等相关要求，以及采取相应的防范措施等因素，经综合比较后确定。由于根据相关规范要求所采取的防范措施不同，线路离建筑物的距离也不相同，但最小距离不得小于防火规范的要求。当地铁与地面建筑合建时，除满足防火规范的要求外，还要从结构、轨道等方面加强减振、降噪措施，并要防止因建筑结构设计不当而影响行车安全。

二、地铁线路设计的一般规定

（1）地铁线路按其在运营中的作用不同，应分为正线、配线和车场线。配线包括折返线、渡线、联络线、停车线、出入线、安全线等。

（2）地铁线路的选定应根据城市轨道交通线网规划进行。

（3）地铁的线路敷设方式，应根据城市总体规划和地理环境条件因地制宜地选择，一般在城市中心地区宜采用地下线，其他地区条件许可时宜采用高架线或地面线。

（4）地铁的线路平面位置和高程应根据城市现状与规划的道路、地面建筑物、管线和其他构筑物、文物古迹保护要求、环境与景观、地形与地貌、工程地质与水文地质条件、采用的结构类型与施工方法，以及运营要求等因素，经技术经济综合比较后确定。

（5）地铁的线路宜按独立运行模式进行设计。根据客流需要并通过论证，线路可按共线运行设计，但其出岔站汇入方向的线路应设平行进路。地铁线路之间应根据线网规划需要设置联络线。联络线应采用单线，但近期阶段性兼作运营线的联络线应设双线，有条件时宜按正线标准设计。

（6）地铁的线路之间及与其他轨道交通线路之间的交叉处应采用立体交叉。两线接轨应避免造成双向敌对进路。

（7）地铁车站应设置在交通枢纽、地铁线路之间及与其他轨道交通线路交会处、商业、居住、体育、文化中心等大的客流集散点。车站间的距离应根据现状及规划的城市道路布局和客流实际需要确定，一般在城市中心区和居民稠密地区宜为 1～2 km，在城市外围区应根据具体情况适当加大车站间的距离。

（8）地面线路和高架线路距建筑物的距离，应根据行车安全、消防、减振、降噪、景观和居民隐私等相关要求，以及采取相应的防范措施等因素，经综合比较后确定。根据防火要求，线路路肩边缘和高架结构外缘与民用建筑间的最小距离，应符合现行国家标准《建筑设计防火规范》（GB 50016—2014）的规定。当地铁与地面建筑合建时，应加强防火、减振、降噪和结构安全措施。

三、线路平面设计

轨道交通线路中心线在水平面上的投影称为线路平面，它表明线路的直、曲线变化状态。

线路中心线是路基横断面上距外轨半个轨距的铅垂线与路肩水平线的交点 O 的纵向连线，如图 1-10 所示。

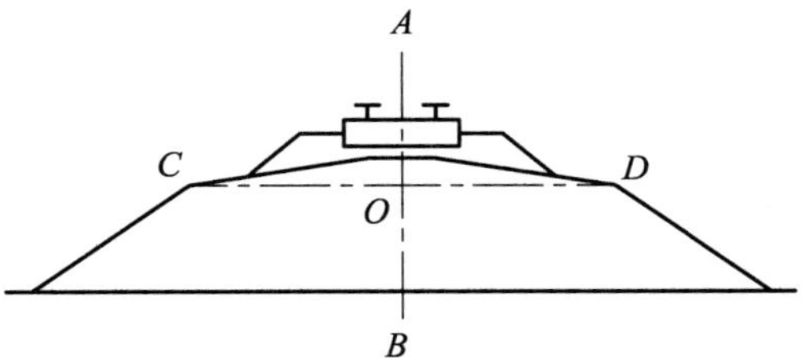

图 1-10　线路横断面

线路平面不但确定了线路在平面上的位置，同时也为直线、曲线及车站等其他设备的设置提供了依据。

线路平面由直线、圆曲线以及连接直线与圆曲线的缓和曲线组成，三者的相互位置如图 1-11 所示。线路平面设计的主要要素有最小曲线半径、最小圆曲线长度、缓和曲线线型及长度、夹直线长度等。

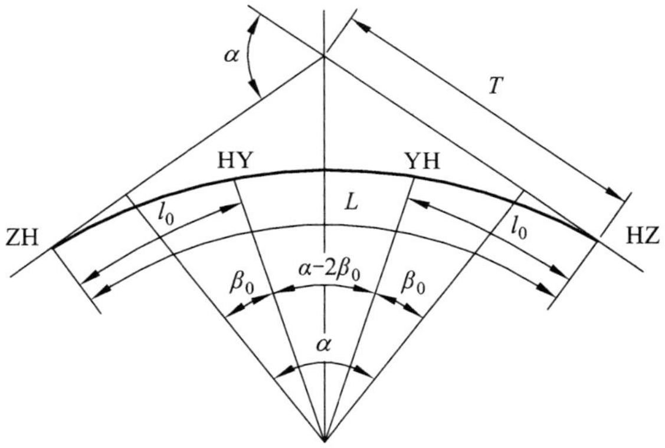

图 1-11　线路平面组成

1. 圆曲线半径与长度

不设置缓和曲线时，线路在转向处所设的曲线为圆曲线。圆曲线的要素有曲线半径 R、曲线转角 α、曲线长度 L、切线长度 T，如图 1-12 所示。

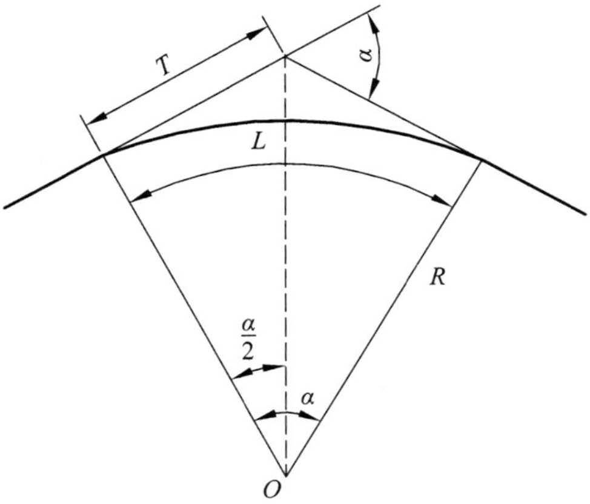

图 1-12　圆曲线要素

线路设计时，一般先设计出α 和 R，再按公式计算出 L 和 T。

$$T = R \cdot \tan(\alpha / 2) \text{ (m)}$$

$$L = \pi \cdot R \cdot \alpha / 180 \text{ (m)}$$

曲线转角的大小由线路走向、绕过障碍物的需要等因素确定。曲线半径应根据车辆类型、列车设计行车速度、沿线地形、地物等条件因地制宜由大到小合理选定。地铁线路往往受城市道路和建筑物控制，曲线半径选择自由度小，常须设置较小半径曲线。《地铁设计规范》规定：地铁线路平面曲线半径应根据车辆类型、列车设计运行速度和工程难易程度经比选确定。线路平面的最小曲线半径不得小于表 1-1 的数值，实际工作中，最大半径一般不超过 3 000 m。

表 1-1　最小曲线半径　　　　单位：m

线路	A 型车		B 型车	
	一般地段	困难地段	一般地段	困难地段
正线	350	300	300	250
联络线、出入线	250	150	200	150
车场线	150	-	150	-

联络线、出入线一般为不载客运行线路，而且通过的列车对数较少，行车速度较低，应比正线的最小曲线半径标准略低。

车场线的最小曲线半径，是根据道岔的导曲线半径及车辆构造允许的最小曲线半径等因素确定的。

车站的站台段应设在直线上。若车站站台段线路设在曲线上，司机和车站管理人员瞭望条件差，会增加管理上的难度，对行车安全不利。另外曲线半径太小，列车停靠时车辆与站台间的缝隙过大，会对乘客安全不利，因此，车站站台计算长度段线路宜设在直线上。设在曲线上时，无站台门时 A 型车半径不应小于 800 m，B 型车半径不应小于 600 m；有站台门时 A 型车半径不应小于 1 500 m，B 型车半径不应小于 1 000 m。

圆曲线长度短，对改善瞭望条件、减少行车阻力和养护维修有利。但当圆曲线长度小于车辆的全轴距（全轴距指一节车辆第一位轴至最后位轴之间的距离）时，车辆将同时跨越在三种不同的线型上，会危及行车安全，降低列车的平稳性和乘客的舒适度。因此，我国《地铁设计规范》（GB 50157—2013）规定：正线及辅助线的圆曲线的最小长度，A 型车不宜小于 25 m，B 型车不宜小于 20 m，在困难情况下不得小于一个车辆的全轴距，车场线不少于 3 m。

2. 缓和曲线

为了保证列车运行的平顺，满足曲率过渡、轨距加宽和超高过渡的要求，保证乘客舒适安全，线路平面曲线与直线之间应根据曲线半径、超高设置及设计速度等因素设置缓和曲线。缓和曲线的特征是：从缓和曲线所衔接的直线一端起，它的曲率半径ρ由∞向圆曲线半径 R 过渡变化，从而使离心力逐渐增加（从圆曲线过渡到直线时，离心力逐渐减小）。

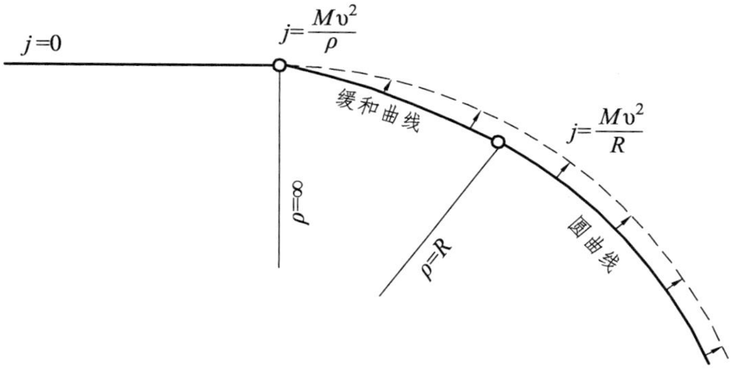

图 1-13　缓和曲线离心力变化示意图

我国《地铁设计规范》（GB 50157—2013）规定：在正线上当曲线半径等于或小于 3 000 m 时，圆曲线与直线间应根据曲线半径及行车速度按表 1-2 的规定设置缓和曲线。缓和曲线线型可以是放射螺旋形或三次抛物线型。

车场线上由于运行速度低，可不设缓和曲线和超高。

表 1-2　缓和曲线长度

R/m ＼ l_0/m ＼ v/(km/h)	100	95	90	85	80	75	70	65	60	55	50	45	40	35
3 000	30	25	20	20	20	20	20	—	—	—	—	—	—	—
2 500	35	30	25	20	20	20	20	20	—	—	—	—	—	—
2 000	45	40	35	30	25	20	20	20	20	20	—	—	—	—
1 500	55	50	45	35	30	25	20	20	20	20	20	—	—	—
1 200	70	60	50	40	35	30	25	20	20	20	20	20	—	—
1 000	85	70	60	50	45	35	30	25	25	20	20	20	20	—
800	85	80	75	65	55	45	40	35	30	25	20	20	20	20
700	85	80	75	75	65	50	45	35	30	25	20	20	20	20
600		80	75	75	70	60	50	40	30	25	20	20	20	20
550			75	75	70	65	55	40	35	25	20	20	20	20
500				75	70	65	60	45	35	30	20	20	20	20
450					70	65	60	50	40	30	25	20	20	20
400						65	60	55	45	35	30	20	20	20
350							60	55	50	40	30	25	20	20
300								55	50	50	35	30	25	20
250									50	50	45	35	25	20
200										50	45	40	35	25

3. 夹直线

夹直线指两相邻曲线间的直线。当两相邻曲线距离较近时，可能会出现两曲线（有缓和曲线时指缓和曲线，无缓和曲线时指圆曲线）相邻端点间的夹直线过短的情况。夹直线过短会引起车辆左右摇摆，影响行车平稳性；也不易保持直线方向，增加养护困难。

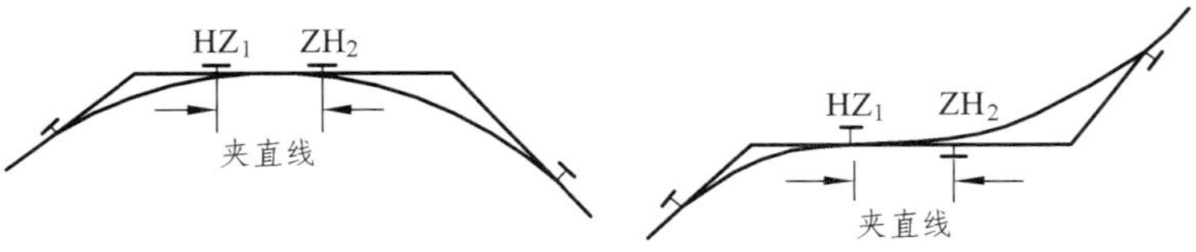

图 1-14　相邻曲线间的夹直线

因此，我国《地铁设计规范》（GB 50157—2013）规定：正线及配线上相邻曲线间夹直线长度，一般情况应大于等于 0.5 V（V 为列车通过夹直线速度），困难情况下 A 型车不短于 25 m，B 型车不短于 20 m。车场线上的夹直线不得小于 3 m。

4. 线路平面图

线路平面图用一定的比例尺（1∶2 000 或 1∶10 000）和规定的符号，把线路中心线及两面的地形、地物投影到水平面上绘出的图。在线路平面图上，应标明线路里程标、百米标、曲线要素以及起、终点里程。图 1-15 为某地铁线路的局部线路平面图。

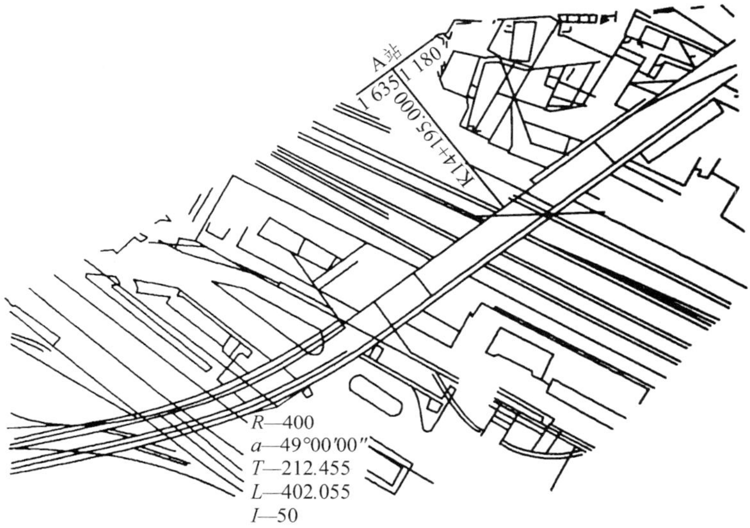

图 1-15　地铁线路平面图（局部）

四、线路纵断面设计

线路中心线展直后在垂直平面上的投影称为线路纵断面，它表明线路的坡度变化。

线路纵断面由坡段和设在变坡点处的竖曲线组成。坡段特征用坡段长度和坡度值来表示。

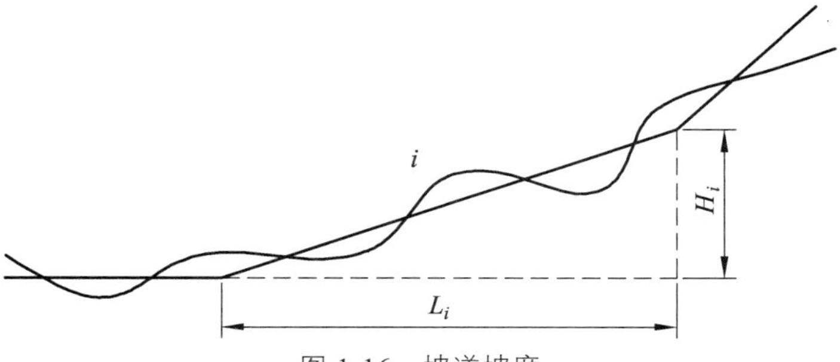

图 1-16　坡道坡度

坡道坡度 i 为该坡段变坡点的高程差 H_i（m）除以坡段长度 L_i（m），其值以千分数表示，即

$$i‰ = \frac{H_i}{L_i} \times 1\,000\ (‰) = \tan\alpha$$

坡段长度 L_i 为该坡段前后两个变坡点之间的水平距离（m）。

上坡坡度值取正值，下坡取负值，平道为 0。上下坡是按列车运行方向来区分的。例如坡度值为+10‰，表示每千米高程升高 10 m，坡度值为－10‰，表示每千米高程降低 10 m。

城市轨道交通线路纵断面设计的主要技术要素有坡度、坡段长度和坡段连接。

1. 坡　度

（1）正线最大坡度是线路的主要技术指标之一，对线路的埋深、工程造价及运营都有较大的影响。城市轨道交通由于载重量小、运距短，坡度已不是限制列车牵引质量的主要因素。但在设计纵断面时，线路坡度在满足排水及标高控制要求的前提下应尽可能平缓。正线允许的最大坡度值主要受行车安全（与制动设备性能有关）、乘客舒适度、运营速度三方面影响，从保证行车安全出发，要求列车在失去部分（最大可达一半）牵引力的条件下，仍能用另一部分牵引动力将列车从最大坡道上起动，因此最大坡度阻力与各种附加阻力之和不宜大于列车牵引力的一半。

我国《地铁设计规范》（GB 50157—2013）规定：正线上最大坡度宜采用 30‰，困难地段可采用 35‰。在山地城市的特殊地形地区，经济技术比较有充分依据，可采用 40‰。联络线、出入线的最大坡度宜采用 40‰，但均未包括各种坡度的折减值。

（2）隧道内和路堑地段的正线最小坡度主要为了满足纵向排水需要，一般情况下线路的坡度与排水沟坡度相一致，隧道内线路坡度一般不宜小于 3‰，困难条件下不小于 2‰。地面和高架桥上正线最小坡度在采取了排水措施后不受限制。

（3）车站站台线路应在一个坡道上，最好为平坡，考虑到纵向排水沟的坡度，站台计算长度段线路坡度宜采用 2‰，困难条件下不大于 3‰。车站线路应尽量接近地面，这样不仅可以减少工程量，节约工程造价，也可以方便乘客进出车站。同时，应尽量将车站布置在线路纵剖面的凸形部位上，这样车辆进站上坡，出站下坡，有利于列车的起动和制动。

（4）隧道内折返线和存车线的坡度最好为平坡，以满足停放车辆和检修作业的要求，但为解决排水问题，最大坡度可以达到 2‰，并朝车挡方向为下坡。地面和高架桥上的折返线、停车线，其坡度不宜大于 1.5‰。

（5）为了便于道岔的养护与维修，道岔应铺在较缓的坡道上，一般规定设在不大于 5‰的坡道上，困难条件下可设在不大于 10‰的坡道上。

（6）车场内的车库宜设在平道上。库外停放车的线路坡度不应大于 1.5‰，咽喉区道岔坡度不宜大于 3‰，较大的坡度停车不稳，易发生溜车事故。

2. 坡段长度

在列车通过变坡点时要产生附加离心力和附加加速度，为了确保行车平稳性，宜设计较长的坡段。但为了适应线路高程的变化，坡段也不能太长，否则将引起较大的工程量，给施工带来困难，因此应综合考虑两者的影响来确定最短坡段长度。

一般情况下，当线路纵向最小坡段小于列车长度时，可以使一列车长范围内只有一个变坡点，以避免变坡点附加力叠加及附加力频繁变化的影响，保证行车平稳。

坡段长度还应使相邻竖曲线不相互重叠，且能相隔一段距离。线路坡段长度不宜小于远期列车长度，并应满足相两邻竖曲线间夹直线长度的要求，两竖曲线间夹直线长度不小于 50 m，以利于列车运行和线路的维修。

3. 竖曲线

列车通过变坡点时，车钩产生附加阻力，会导致列车运行不顺，如图 1-17 所示，为此，在变坡点应设置竖曲线。

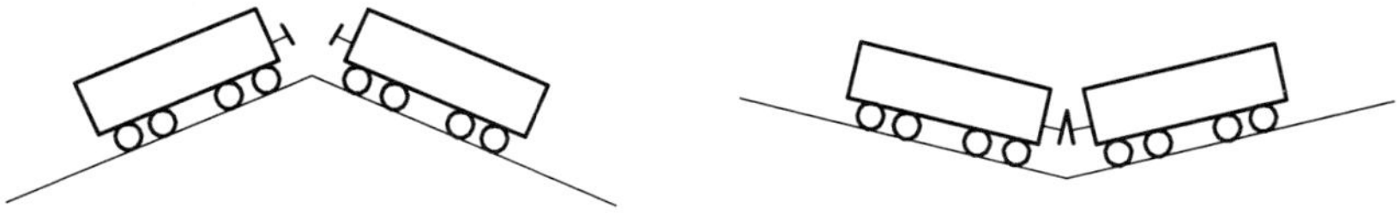

图 1-17　车辆经过变坡点的状态

两相邻坡段的坡度代数差等于或大于 2‰时，应设圆曲线型的竖曲线连接。《地铁设计规范》(GB 50157—2013) 规定城市轨道交通竖曲线半径如表 1-3 所示。

表 1-3　城市轨道交通竖曲线半径　　单位：m

线别		一般情况	困难情况
正线	区间	5 000	3 000
	车站端部	3 000	2 000
辅助线、车场线		2 000	

竖曲线不得侵入车站站台范围，以保证站台的平稳。

道岔范围内不得设置竖曲线，竖曲线离开道岔端部的距离：正线不小于 5 m；车场线不小于 3 m。

4. 线路纵断面图

用一定的比例尺（水平方向为 1∶10 000，垂直方向为 1∶1 000）和规定的符号，把平面图上的中心线展直后投影到铅垂面上，并注有线路平面和纵断面有关资料的图。图 1-18 为某地铁线路的一段线路纵断面图。

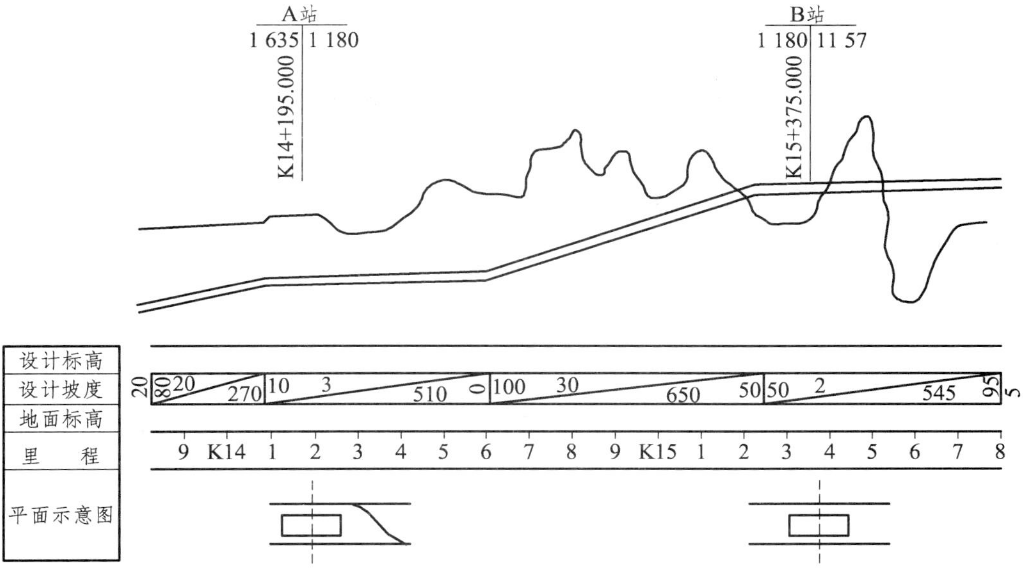

图 1-18　地铁线路纵断面图

5. 合理纵断面

城市轨道由于部分线路埋设在地下隧道或设置在高架结构上，又因车站与区间的埋深或高差不尽一样，在设计地下铁道线路纵断面时，须注意保持合理纵断面。

合理纵断面应既满足有利于列车运行提高效率、降低消耗安全可靠的要求，又能满足兼顾降低施工量、减少施工难度、加快施工进度的需要。

如图 1-19 所示，由于区间隧道轨道面标高低于车站轨道面标高，因此，列车在运行过程中处于出站下坡与进站上坡的有利状态，有利于列车起动加速与进站减速制动，即与列车运行牵引要求一致。合理纵断面使列车运行的耗电量下降，附加制动力减少，从而降低了运行成本及设备损耗。

图 1-19　合理纵断面示意图

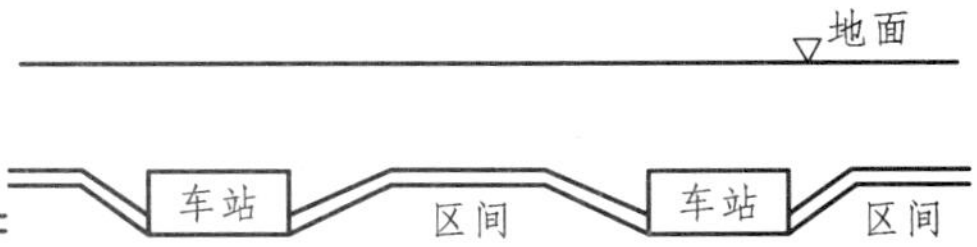

图 1-20　不合理纵断面示意图

图 1-20 所示的纵断面往往会出现在地下隧道且采用明挖法施工建设的系统，由于片面强调减少施工挖掘土方，而未先明确列车运行特征及运营后的成本费用问题，以及受地质条件、地下结构等原因的影响导致出现不合理纵断面，且因地下线路无法改造调整，只能成为永久性遗憾。

地下盾构等施工方式比较容易解决线路走向选择，且无施工量多少的问题，理当不应出现上述不合理纵断面。

同样，高架线路车站也应选择合理纵断面位置。

五、线路标志

为满足行车和线路养护维修的需要，在城市轨道线路应设置线路标志。线路标志包括百米标、公里标、曲线要素标、圆曲线和缓和曲线始终点标、坡度标、竖曲线始终点标、道岔编号标、水准基点标、桥梁标、涵洞标、水位标等。

1. 百米标、公里标

百米标、公里标设在一条线路自起点计算每一百米、每一整公里处，如图 1-21 所示。

图 1-21　百米标、公里标

图 1-22　曲线要素标

2. 曲线要素标

曲线要素标设在线路中点处，白底黑字，标明曲线长度、缓和曲线长度、曲线半径、外轨超高和轨距加宽，侧面标有曲线中部里程，如图 1-22 所示。

3. 桥梁标、涵洞标

桥梁标、涵洞标设在桥梁、涵洞两端处，表明桥梁、涵洞编号、中心里程和长度，如图 1-23 所示。

图 1-23　涵洞标

4. 圆曲线和缓和曲线始终点标

圆曲线和缓和曲线始终点标设在直缓、缓圆、圆缓、缓直各点处，标明所向方向为直线、圆曲线或缓和曲线，如图 1-24 所示。

图 1-24　曲线始终点标

5. 坡度标

坡度标设在线路坡度的变坡点处，两侧各标明其所向方向的上、下坡度值及其长度，侧面标明变坡点的里程，如图 1-25 所示。

图 1-25　坡度标

除线路标志外，线路一侧还要设置限速标、停车位置标、警冲标等信号标志，如图 1-26、图 1-27 所示。

图 1-26　限速标

图 1-27　停车标

为了司机瞭望清晰，百米标、公里标、坡度标、限速标、停车位置标、警冲标等标志宜采用反光材料制作，并安装在司机易见的位置上。所有标志不得侵入设备限界。

复习思考题

1. 城市轨道交通线网规划的原则有哪些？
2. 城市轨道交通线网的结构形式有哪几种？请举例说明。
3. 城市轨道交通系统有哪些类型？
4. 什么是线路的平面？由哪几部分组成？
5. 何谓缓和曲线？其特征和作用是什么？
6. 什么是线路的纵断面？由哪几部分组成？
7. 城市轨道交通坡度是怎么规定的？
8. 线路标志有哪些？
9. 了解你所在城市的轨道交通线网规划，并说明其特点。

项目二　城市轨道交通线路

城市轨道交通线路是城市轨道交通列车运行的基础，承受着来自列车的压力，并起着引导列车运行的重要作用。

线路由下部基础和上部建筑两部分组成。下部基础常采用整体道床结构，通常包括路基、桥梁和隧道，上部建筑通常指的是轨道。

任务一　地下隧道、高架结构及路基

城市轨道交通线路有地下线路、高架线路和地面线路，对应的下部基础分别为地下隧道、高架结构和路基。

一、地下隧道

城市轨道交通隧道是指修建在地下或水下，连接地铁车站并铺设轨道供车辆通行的建筑设施。地下隧道由于在地下，对地面上的其他交通工具无干扰，其运输能力不受气候影响，也避免了噪声对城市的污染，在战争期间还可作为民用防空设施，所以地下隧道的优点非常明显。但是地下隧道造价昂贵，应充分进行技术经济比较后，分区段确定线路方案。

隧道一般由洞身、衬砌和洞门等部分组成。为保证行车安全，洞身应有一定的净空，按规定的隧道建筑限界确定横断面。隧道的横断面有许多形式，其典型形状有矩形、圆形和马蹄形，如图 2-1 所示。不同横断面形式的隧道应采用不同的施工方法，其施工方法主要有明挖法、盖挖法、暗挖法和特殊施工方法等，衬砌结构宜设计为闭合式。

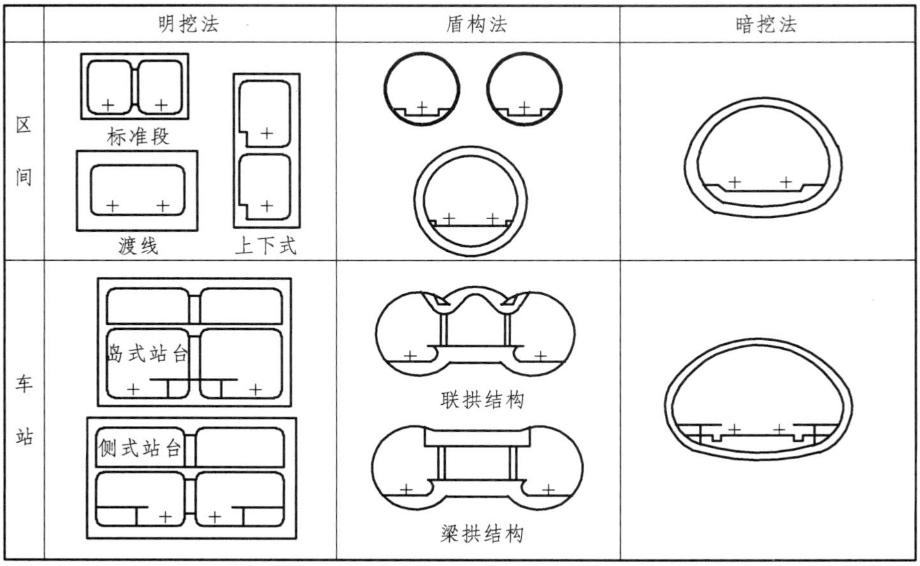

图 2-1　地下隧道典型横断面形状示意图

1. 明挖法

明挖法是指由地面挖开的基坑中修筑地下结构的方法。隧道结构采用矩形断面，衬砌结构一般为整体式现浇钢筋混凝土框架结构或装配式钢筋混凝土框架结构。整体式现浇钢筋混凝土框架结构如图 2-2 所示。

明挖法具有作业技术简单、施工覆盖面大、速度快、工程造价较低、易保证工程质量等优点，缺点是施工对周边交通环境影响较大。因此，明挖法适用场地开阔、建筑物少、交通及环境允许的地区。

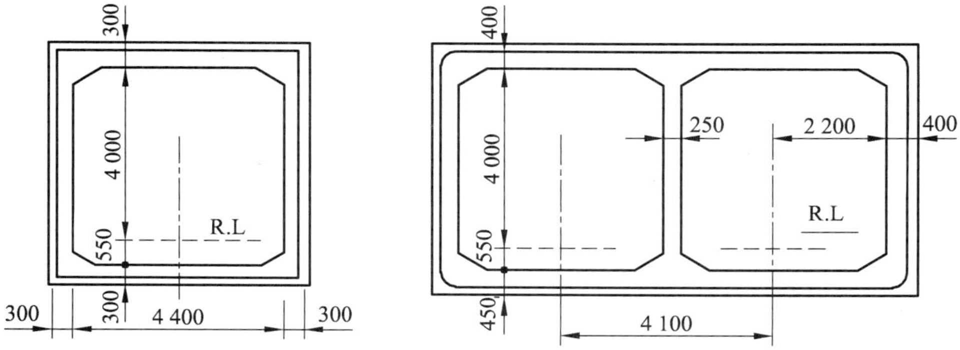

图 2-2　整体式现浇钢筋混凝土框架结构

2. 盖挖法

盖挖法是由地面向下开挖至一定深度后，将顶部封闭，恢复地面，而整个下部工程施工在封闭的空间内进行的施工方法。

盖挖法包括盖挖顺作和盖挖逆作等工法。盖挖顺作法的作业顺序为在地面修筑维持地面交通的临时路面及其支撑后，自上而下开挖土方至坑底设计标高，再自下而上修筑结构。盖挖逆作法的作业顺序与传统的明挖法相反，开挖地面修筑结构顶板及其竖向支撑结构后，在顶板的下面自上而下分层开挖土方分层修筑结构。

盖挖法对周边交通、环境的影响能限制在一定的时间和空间范围内，相对明挖法有一定的优越性。

3. 暗挖法

当埋深超过一定限度后，明挖法就不再适用，而要改用暗挖法，即在特定条件下，不开挖地面，在地下进行开挖和修筑衬砌结构的隧道施工方法。暗挖法主要有盾构法、矿山法等。

（1）盾构法

盾构法是用盾构机修筑隧道的暗挖施工方法，包括在盾构钢壳体的保护下进行开挖、推进、衬砌和注浆等作业的方法。盾构法适合在软土或软岩中施工。

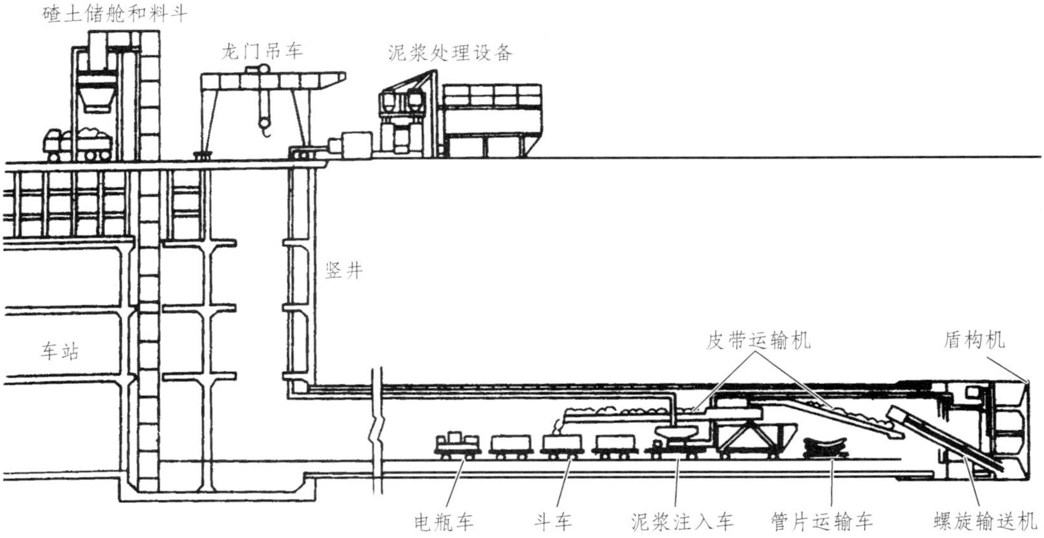

图 2-3　盾构法施工示意图

在满足工程使用、受力和防水要求的前提下，可采用装配式钢筋混凝土单层衬砌或在其内现浇钢筋混凝土内衬的双层衬砌；在联络通道门洞区段的装配式衬砌，宜采用钢管片、铸铁管片或钢与钢筋混凝土的复合管片。

（2）矿山法

传统的矿山法指用钻眼爆破的施工方法，又称钻爆法，因其工艺落后，安全性差，正逐步被现代矿山法取代。

现代矿山法是指利用土层在开挖过程中短时间的自稳定能力，采用适当的支护措施，使围岩或土层表面形成密贴型薄壁支撑结构的施工方法，包括软土地层浅埋暗挖法及由其衍生的其他暗挖方法。其结构的断面形状和衬砌形式，应根据围岩条件、使用要求、施工方法及断面尺度等，从受力、围岩稳定和环境保护等方面综合分析确定。

图 2-4　矿山法施工示意图

4. 特殊施工法

（1）沉管法

沉管法是提前将隧道管段分段预制，并在每段两端设临时止水头部，施工时先将隧道管段浮运至隧道轴线处，沉放在预先挖好的地槽内并将所有管段进行水下连接，然后移去临时止水头部，回填基槽保护沉管，最后铺设隧道内部设施，形成一个水下通道的施工方法。

沉管法施工的结构应根据隧道使用功能和工程条件等因素确定。水深小于 35 m 的通行地铁车辆和机动车的多车道隧道，宜采用普通钢筋混凝土或纵向施加预应力的钢筋混凝土矩形框架结构；水深大于 45 m 的单、双线隧道，宜采用圆形单层或双层钢壳混凝土结构；水深介于 35 ~ 45 m 时，应通过综合研究确定。

管节长度应根据沉埋段的长度与管节制作、沉埋设备及航道等有关的施工条件和工期等因素确定，并宜控制在 100 ~ 130 m 范围内。

（2）顶进法

顶进法又称顶管法，是指在地面开挖的基坑井中安放管节，然后通过顶推机械将管节从工作井预留口穿出，穿越土层到达接受井并从接受井的预留口穿出而形成隧道的施工方法。

顶进法施工的结构，当长度较大时应分节顶进。分节长度应根据地基土质、结构断面大小及控制顶进方向的要求确定，首节长度宜为中间各节长度的 1/2。节间接口应能适应容许的变形量并满足防水要求。

二、高架结构

高架结构包括区间桥梁、高架车站中的轨道梁及其支承结构，一般在市区外建筑稀少及空间开阔的地段采用，一般沿道路的一侧或路中布置，具体设在路侧还是路中要根据规划和设站情况来决定。必要地段应设置声屏障以减轻车辆运行的噪音，且桥下净高应满足车辆行人通行需求：主要道路的净空为 5.0 m（个别超高车辆通行的道路为 5.5 m），一般道路的净空为 4.5 m，次要道路的净空不低于 4.2 m，跨越铁路干线的净空为 6.75 m，跨越铁路支线净空为 5.7 m。

高架结构工程主要由梁部、墩台及基础组成。基础虽受到梁部和墩柱形式的一定影响，但主要还是由地质情况确定。城市轨道交通线路高架结构多为中、小跨度（通常为 20 ~ 30 m）的桥梁，常采用简支梁体系或连梁体系，常采用的梁型有箱型梁、板梁、T 型梁、下承式脊梁和槽型梁等形式。在特殊地段也有采用其他结构体系的，如斜拉桥等。

1. 梁型结构

（1）箱型梁

箱型梁简称箱梁，是目前比较先进且已被广泛采用的梁截面形式。箱梁截面整体刚度大，受力性能好，同时其顶板和地板都具有较大的面积，能有效抵抗正负弯矩，并满足配筋要求。箱梁具有良好的动力特性，收缩变形数量小，梁底所占空间尺寸小，下部工程量节省，配以造型简洁的圆柱墩，景观效果非常好。其断面形式主要有单室单箱、单室双箱及双室单箱三种，分别见图 2-5（a）、（b）、（c）。

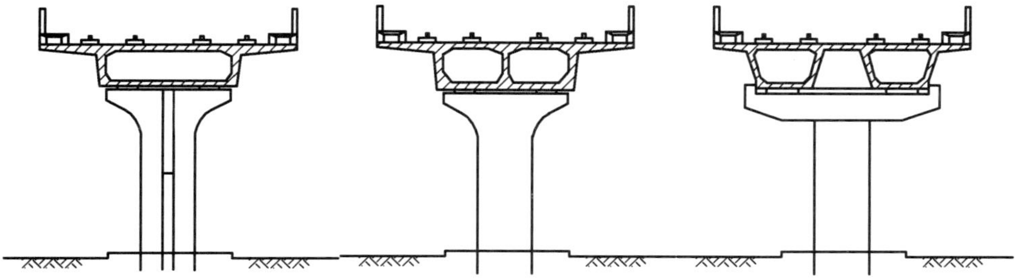

（a）单室单箱结构图　　（b）单室双箱结构图　　（c）双室单箱结构图

图 2-5　箱梁断面形式结构图

（2）板梁

板梁结构的建筑高度低，外形简洁，结构简单，便于安装施工。板梁截面常采用空心板（见图 2-6）。空心板梁每跨可以根据桥面宽采用 4 ~ 8 片梁拼装而成。

（3）T 型梁

T 型梁（见图 2-7）与箱型梁同属肋梁式结构，主梁一般采用工厂或者现场预制，可提高质量，减薄主梁尺寸，从而减轻整个桥梁的自重。每跨梁由多片预制主梁相互联结组成，吊装质量小，构件容易修复或者更换。同时，T 形截面又是最经济的桥梁截面形式，该结构与箱梁相比可以减少 25%左右的工程数量，经济效益显著。

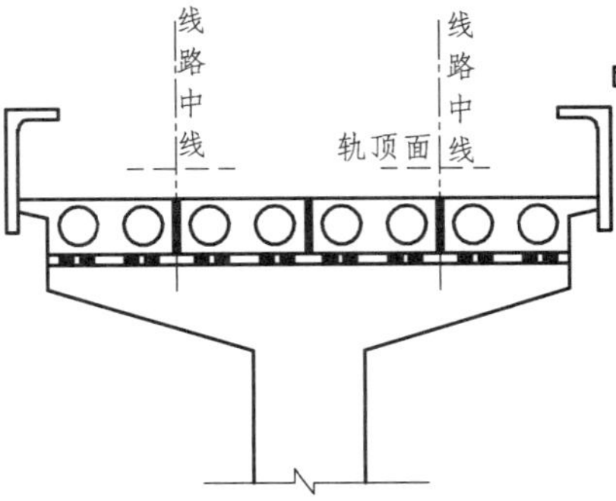

图 2-6　空心板梁结构图

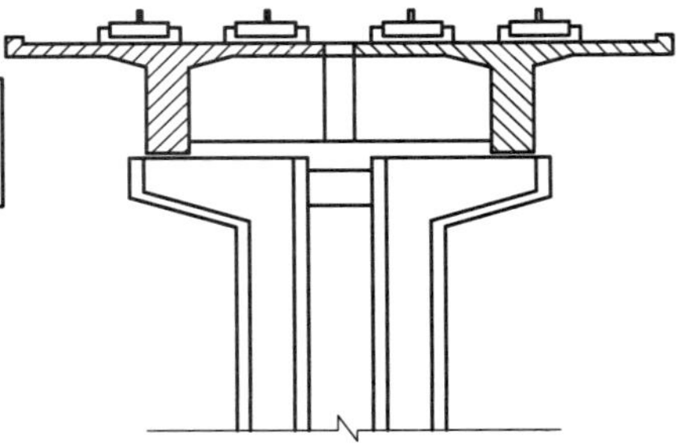

图 2-7　T 形梁结构图

（4）下承式脊梁

下承式脊梁（见图 2-8）的特点为：结构的建筑高度低，便于压低线路标高，减少工程量；桥梁建筑高度即为挑臂板的厚度，不受跨度改变的影响，为定值，易于线路的线型布置；结构上需要的部分也可兼作他用，如脊梁顶可用作检修通道等；造型独特，具现代感；可采用预制杆件拼装施工，快速且干扰少。

（5）槽型梁

在建筑高度受限制的场合，槽形梁（见图 2-9）是一种可优先选用的方案。槽形梁由车道板、主梁、端横梁组成。其优点是：结构轻巧、美观；腹板可用作隔音屏；内侧易于布置各类通信、电力等设备；可防止列车脱轨；可灵活选用多种施工方案；车站结构可以直接使用高架桥段的主梁设计； 由于列车在槽内通行，减小了横向迎风面。其缺点是工程数量较大，施工较复杂，施工进度较慢。

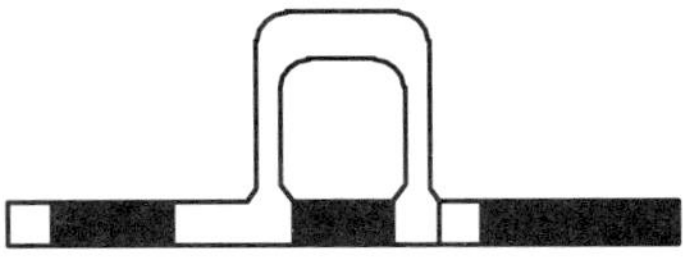

图 2-8　下承式脊梁结构图

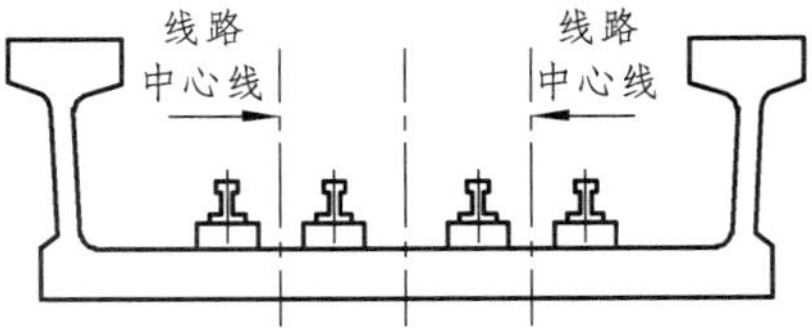

图 2-9　槽型梁

2. 墩台结构

高架桥的桥墩选型除考虑受力合理、体量较小外，还应考虑与上部建筑风格相协调。桥墩形式及位置选择应该遵循安全耐久、满足交通要求以及城市环境和谐等原则。适用于城市高架桥的桥墩形式有单柱式桥墩、倒梯形桥墩、“T”形桥墩、双柱桥墩和“Y”形桥墩等，如图 2-10 所示。

（1）单柱式桥墩

单柱式桥墩可使梁底宽同墩横向宽度一致，从而使上下部浑然一体，对墩高的变化适应性强。受力合理，材料较节省，施工方便。

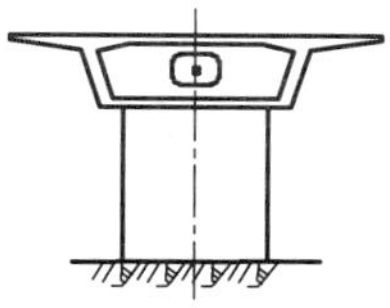

（a）单柱式桥墩

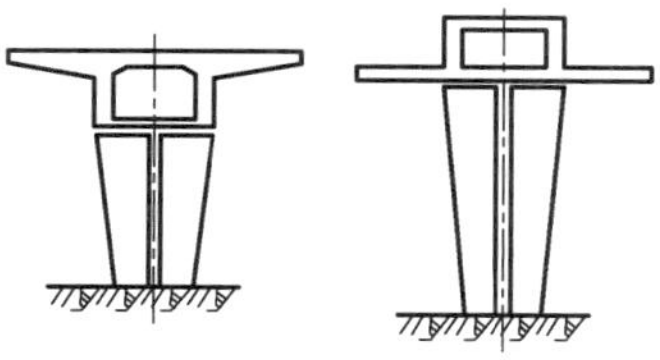

（b）倒梯形桥墩

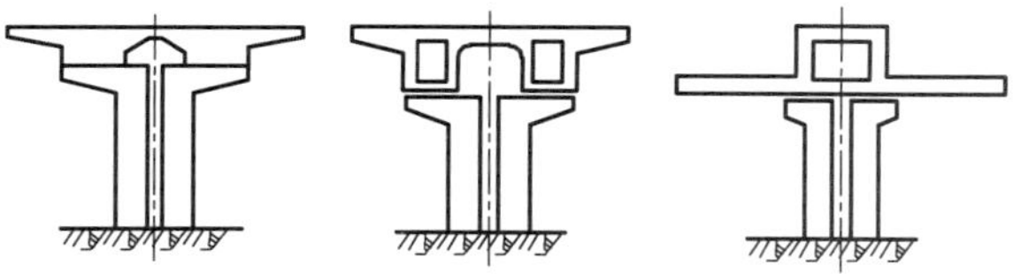

（c）“T”形桥墩

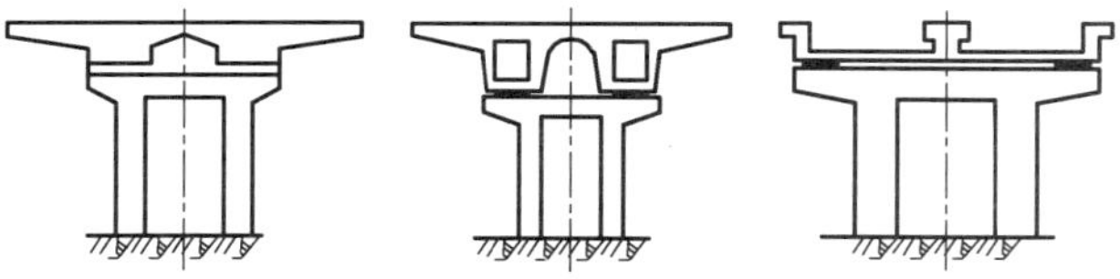

（d）双柱式桥墩

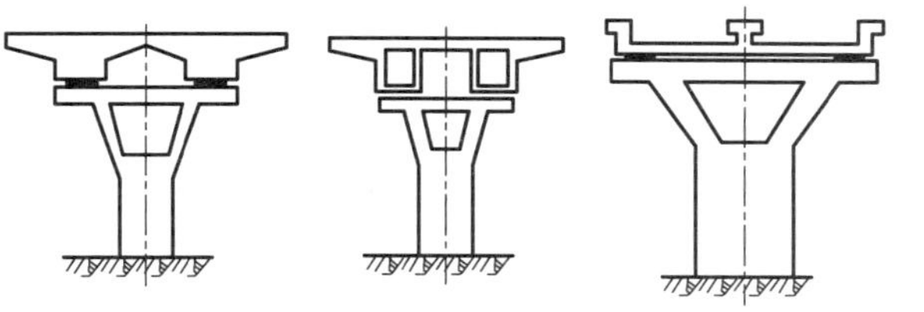

（e）“Y”形桥墩

图 2-10　桥墩形式

（2）倒梯形桥墩

倒梯形桥墩构造简单，施工方便，受力合理，具有较大的强度、刚度和稳定性，对于单室箱梁和脊梁，选用倒梯形桥墩在外观和受力上较合理。

（3）“T”形桥墩

“T”形桥墩能减轻墩身质量、节约工程材料、减少占地面积，特别适用于高架桥与地面道路斜交的情况，墩身截面一般为圆形、矩形、六角形等。如果将“T“形桥墩与区间 T 型梁、箱型梁、槽型梁等上部结构相结合，则上下部结构的轮廓线可平顺过渡且整体受力合理。

（4）双柱式桥墩

双柱式桥墩质量轻、节省工程材料，且承载能力和稳定性均较强，盖梁的工作条件比“T“形桥墩的盖梁有利，无须施加预应力，但双柱墩的美观性较差，透气性不好，占地范围大。

（5）“Y”形桥墩

“Y”形桥墩兼有“T”形桥墩和双柱式桥墩的优点：质量轻，占地面积少，外表美观简洁，造型轻巧，视野良好，并有利于桥下交通。“Y“形桥墩上部呈双柱式，对盖梁工作条件有利，但结构施工比较复杂。

3. 高架车站结构

按轨道梁与车站结构的布置形式，高架车站结构分为桥-建分离式、桥-建结合式、桥-建合一式三种。

（1）桥-建分离式

桥-建分离式指桥从车站穿过，与车站的构件不发生任何关系。这种形式结构体系传力途径明确，振动和噪声对周围环境影响小，结构耐久性好，且便于处理同区间的接口问题，但在站厅层由于存在截面较大的桥墩，会使建筑平面布局不灵活。

（2）桥-建结合式

桥-建结合式指行车道处设行车道梁，该梁简支在车站框架横梁上，支承点采取减振措施。这种形式结构体系传力途径较明确，结构整体性好，振动和噪声对周围环境有一定影响，但同区间的接口问题不好处理，施工难度大，桥道板与其下的结构板较难施工。

（3）桥-建合一式

桥-建合一式指车站部分框架结构作为行车道，列车直接在框架梁板上行走。这种结构形式建筑布局不受限制，施工方便且结构整体性好，但结构传力不够清晰，同区间的接口问题不好处理，同时振动和噪声对环境影响大，结构耐久性差，需采取特殊的减振措施。

三、路　基

路基是由填筑或开挖而形成的直接支承轨道的结构，它直接承受轨道的压力，是铺设轨道的基础。路基状态如何直接关系到线路的质量，影响行车速度及行车安全。城市轨道交通线路的路基较少，通常只有采用碎石道床的地面线路和车场线路才有。

1. 路基的断面形式

路基的断面形式有六种：路堤、路堑、半路堤、半路堑、半堤半堑、不填不挖，如图 2-11 所示。

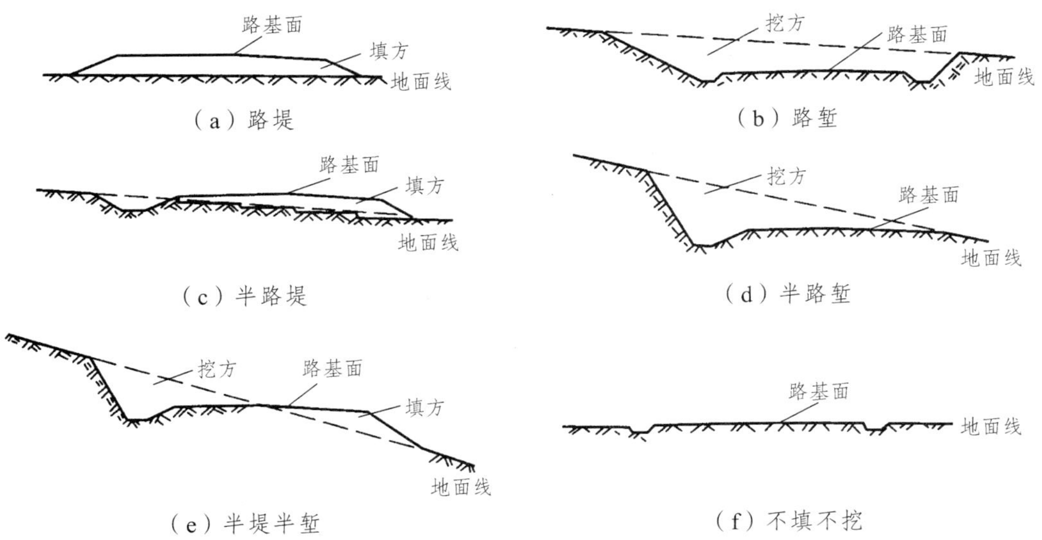

图 2-11　路基的断面形式

城市轨道交通一般采用路堤式路基，并采用独立路基方式。

2. 路基的规定与要求

（1）必须具有足够的强度、稳定性和耐久性。

（2）应优先采用新技术、新结构、新材料和新工艺，并采用机械化施工。

（3）应符合环境保护的要求，重视沿线的绿化，并与邻近的建筑物相协调。

（4）应做好防排水设计，确保排水通畅。

（5）路肩及边坡上不应设置电缆沟槽，必须设置时应采取适当措施，并及时回填夯实，确保路基的完整稳定。在路基上设置其他杆架、管线等设备时，也必须采取保证路基稳定的措施。

（6）根据维修要求可适当设置养路机械平台，间距宜采用 500 m。单线地段可采用一侧布置，双线地段应两侧交错配置，采用移动平台时可不设置。

3. 路基体的断面构成

（1）路基面

路基顶部的表面称为路基面。路基面应根据线路数目、线间距、轨道结构尺寸、曲线加宽、路肩宽度、是否有接触网立柱等计算确定。区间曲线地段的路基面宽度，单线应在曲线外侧加宽，双线应在外股曲线外侧加宽。加宽值在缓和曲线范围内线性递减。

（2）路拱

为利于排水，路基面设计为三角形路拱，应由路基中心线向两侧设 4‰的人字排水坡。曲线加宽时，路基面仍应保持三角形。

（3）路肩

路肩为路基面道床坡脚以外的部分，即路基两侧未被道床覆盖的部分，为专业人员通行而设置。当路肩埋有设备时，路堤及路堑的路肩宽度均不得小于 0.6 m，无埋设设备时路肩宽度均不得小于 0.4 m。

（4）路基边坡

路基横断面两侧边线，即线路外侧的部分称为路基边坡。路基边坡主要根据路基的土质、高度和土质的物理力学性质决定。当路堤高度≤8 m 时，路基边坡坡度不应大于 1∶1.5。路堤坡脚外应设宽度不小于 1.0 m 的护道。

（5）路基基床

路基基床是指路基上部受轨道、列车动力作用，并受水文气候变化影响较大，须做处理的土层。路基基床分为表层和底层，表层厚度应不小于 0.5 m，底层厚度应不小于 1.5 m。基床厚度以路肩施工高程为计算起点。

3. 路基排水及防护

路基应有完善的排水系统，宜利用市政排水设施。排水设施应布置合理，当与桥涵、隧道、车站等排水设施衔接时，应保证排水畅通。路基排水及防护应遵守以下基本原则：

（1）在路堤天然护道外应设置单侧或双侧排水沟。路堑应于路肩两侧设置侧沟，堑顶应设置单侧或双侧天沟。

（2）路基排水纵坡不应小于 2‰，单面排水坡段长度不宜大于 400 m。

（3）排水沟的横断面应按流量及用地情况确定，并确保边坡稳定。

（4）对路基有危害的地下水，应根据地下水类型、含水层的埋藏深度、地层的渗透性等条件，设置暗沟（管）、渗沟、检查井等地下排水设施。地下排水设施的类型、位置及尺寸应根据工程地质和水文地质条件确定。

（5）对于受自然因素作用易产生损坏的路基边坡坡面，应根据边坡的土质、岩性、水文地质条件、边坡坡度与高度以及周围景观等，选用适宜的防护措施。在适宜于植物生长的土质边坡上应优先采取植物防护措施。

任务二　轨道结构

轨道结构由钢轨、轨枕、联结零件、道床、道岔及附属设施等组成。轨道结构是行车的基础，其作用是引导列车运行，直接承受由车轮传来的荷载，并把荷载传给路基或桥隧建筑物。轨道结构必须坚固稳定，并具有正确的几何形位，以确保列车安全、平稳、不间断运行。轨道结构的性质和状况决定了列车的运行品质，也决定了乘客乘坐的舒适性。

由于城市轨道交通常处于人口密集的市区，行车密度大，维修时间短，因而，城市轨道交通对轨道结构的基本要求如下：

（1）结构简单、整体性强，具有坚固性、稳定性、均衡性等特点，确保行车安全，平稳，舒适。

（2）具有足够的强度、刚度，便于施工、易于管理、可靠性高、使用寿命长、可以减少维修或者避免维修，并利于日常的清洁养护和降低运营成本。

（3）对于扣件，要求其强度高、韧性好。

（4）采用成熟的新工艺、新技术、新材料，满足城市轨道交通对于绝缘、减震降噪和减轻轨道结构自重等的需求，尽可能符合城市环境、景观等要求。

一、钢　轨

钢轨是轨道结构的重要组成部分，直接承受列车荷载并传递到扣件、轨枕、道床至结构底板。钢轨为车轮滚动提供最小阻力的接触面，依靠钢轨头部内侧与车辆轮缘的相互作用，引导列车前进。在列车动荷载作用下，钢轨会产生弹性挠曲和横向弹性变形，所以钢轨应具有足够的承载力、抗弯强度、断裂韧性及稳定性、耐磨性、耐腐蚀性。同时，由于钢轨具有导电性能，钢轨还可以兼作轨道电路的导体。

钢轨断面形状的变化和发展经过了相当长的时间。从构件截面的力学特性可知，工字形截面的构件具有较好的抗弯曲性能。可以把钢轨看成是连续弹性的基梁或连续点支承的基梁，在轮载的作用下，钢轨主要承受垂向弯曲，所以一般将钢轨截面设计成工字形，如图 2-12 所示。钢轨断面由轨头、轨腰和轨底三部分组成，相互之间用圆弧连接。轨头应具有足够的表面面积及厚度，并具有与车轮踏面相适应的外形，以改善轮轨的接触条件，从而延缓轨头压溃和磨耗。轨腰主要承受剪力，必须具有足够的厚度和高度，具有较大的承载能力和抗弯能力。轨底的主要功能是分布压力及保持稳定，应具有足够的宽度和厚度，并具有必要的刚度和抗锈蚀的能力。

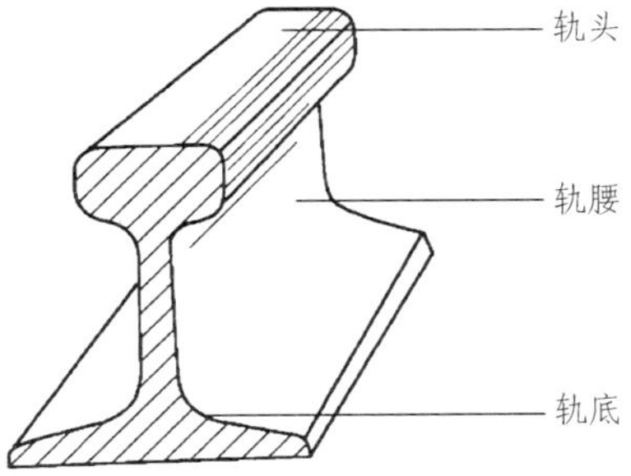

图 2-12　钢轨断面

钢轨的类型是按每延米的质量来区分的。钢轨的选用原则上应以轨道承受荷载的轻重来确定。城市轨道交通正线采用 60 kg/m 或 50 kg/m 的钢轨，在车辆段（停车场）可采用 50 kg/m 或 43 kg/m 的钢轨。60 kg/m 和 50 kg/m 的钢轨尺寸如图 2-13 所示。

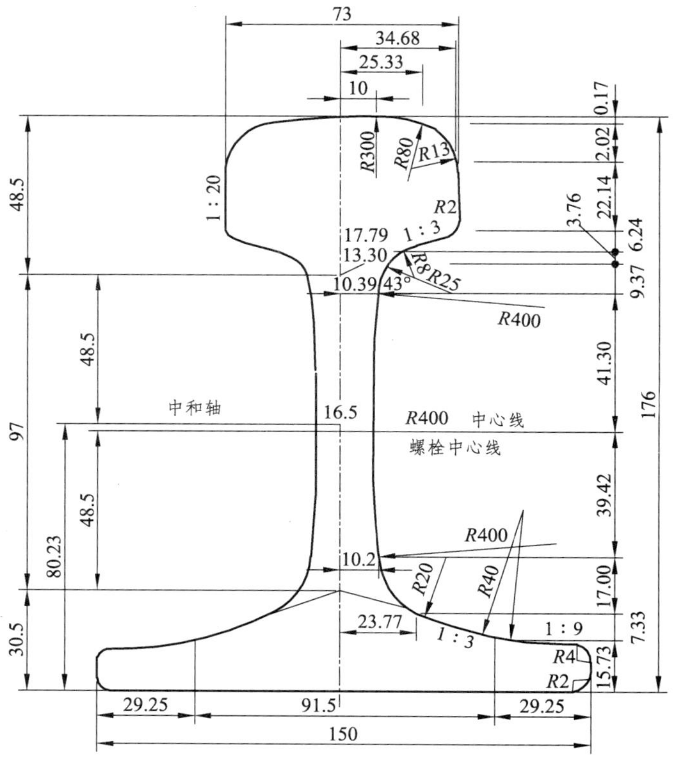

（a）60 kg/m 轨

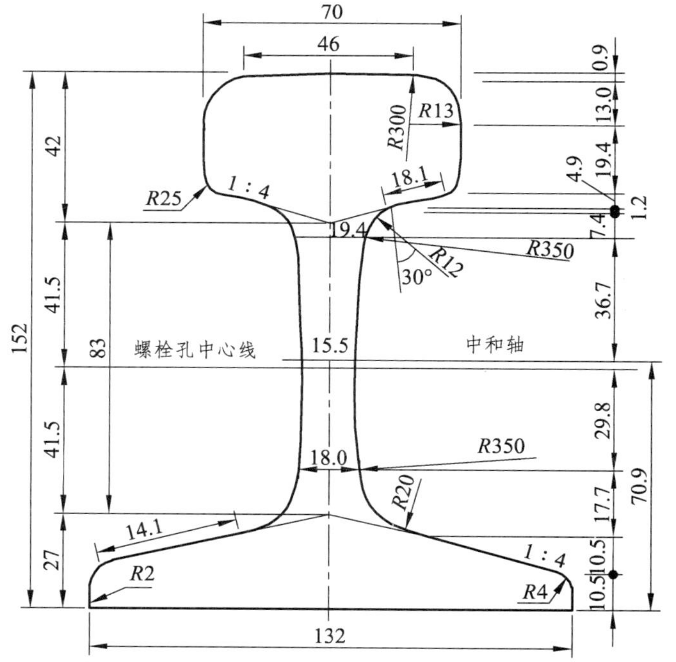

（b）50 kg/m 轨

图 2-13　钢轨尺寸

标准钢轨长度与钢轨类型有关。我国 50 kg/m 的钢轨有 12.5 m 和 25 m 两种标准长度，60 kg/m 钢轨有 25 m、50 m 和 100 m 三种标准长度。在曲线轨道中，曲线内股使用厂制标准缩短轨，如 25.0 m 钢轨的缩短轨有 24.96 m、24.92 m、24.84 m；12.5 m 钢轨的缩短轨有 12.46 m、12.42 m、12.38 m。

普通钢轨有热胀冷缩的特性，为适应钢轨伸缩，铺轨时应在两根钢轨的接头处留有适当的轨缝。城市轨道交通地下线的直线和半径为 300 m 及以上的曲线地段、高架线及地面线的无砟道床的直线和半径为 400 m 及以上的曲线地段、有砟道床的直线和半径为 600 m 及以上的曲线地段均应铺设无缝线路。

钢轨在使用过程中会不可避免地产生各种伤损，如折断、裂纹及磨耗等，为保证行车安全，出现钢轨伤损应及时更换。

二、钢轨联结

钢轨联结是将标准长度的钢轨联结起来，使钢轨联结部分具有和钢轨一样的整体性，抵抗弯曲和移位，给列车提供连续的滚动表面，承受列车通过时作用于其上的动荷载，并满足钢轨伸缩的要求。

在城市轨道交通中已大量采用无缝线路结构，即将标准长度的钢轨在工厂或现场用焊接方法焊接成所需长度的钢轨。钢轨接头联结零件数量大大减少，但在无缝线路的缓冲区、轨道电路的绝缘区、有道岔的线路区段中，接头联结零件还是不可或缺的。

钢轨接头联结零件由夹板、螺栓和垫圈等组成，如图 2-14 所示。接头处轮轨动力作用大，相应的养护维修工作量大，因此，钢轨接头是轨道结构的薄弱环节之一。

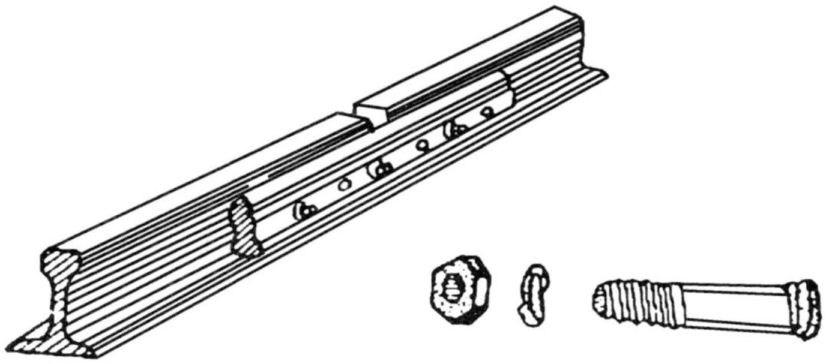

图 2-14　接头联结零件

夹板是用来夹紧钢轨的。每块夹板都要用 6 枚螺栓上紧，且为防止车轮万一在接头部位脱轨时切割全部螺栓，螺栓帽的位置在钢轨的内外侧相互交错。

钢轨接头按其在两股钢轨上的相互位置不同分为对接和错接，如图 2-15 所示。城市轨道交通正线和配线的钢轨接头常采用对接方式，可减少列车对钢轨的冲击次数，改善运营条件。另外，按钢轨接头相对于轨枕的承垫形式不同可分为悬空式和承垫式。

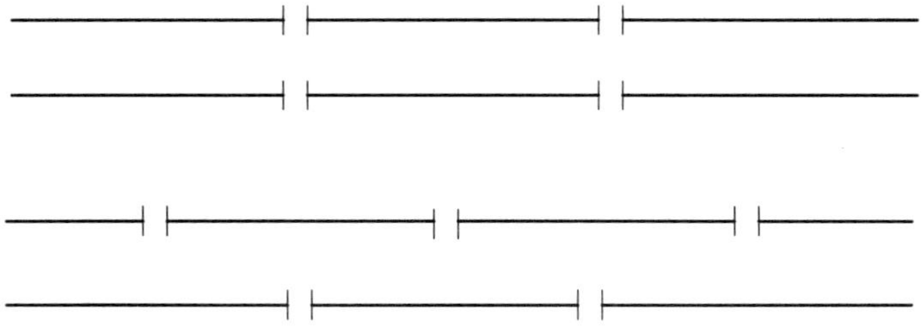

图 2-15　对接和错接

钢轨接头按其连接方式不同，可分为普通接头、异型接头、导电接头、绝缘接头、胶接接头和焊接接头。

1. 普通接头

普通线路钢轨与钢轨之间用夹板连接，称为钢轨接头，如图 2-16 所示。接头夹板的作用是夹紧钢轨，夹板以双头对称式最为常用。

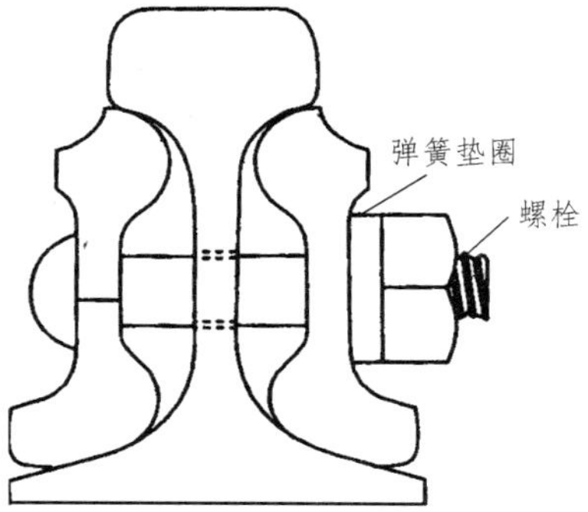

图 2-16　钢轨接头

2. 异型接头

不同类型的钢轨互相连接时，应使用异型夹板，如图 2-17 所示。异形夹板的两端分别与不同型钢轨相吻合。异形钢轨的联结，除使用异形夹板外，在接头枕木上还应铺设异形垫板。但异型接头强度低，轨头断面突变，顶面和侧面不易平顺，对行车和维修不利。

由于不同等级的钢轨高度、轨腰高度都不一致，所以夹板也随两种钢轨的变化而变化。

图 2-17　异型接头

3. 导电接头

由于钢轨表面和夹板生锈，导接头电阻较大，为了减少轨道电路的电流损失，在轨端钻孔连接导电线。由于在轨头钻孔影响钢轨的疲劳强度，现在的导电接头一般用喷焊连接导电线，如图 2-18 所示。

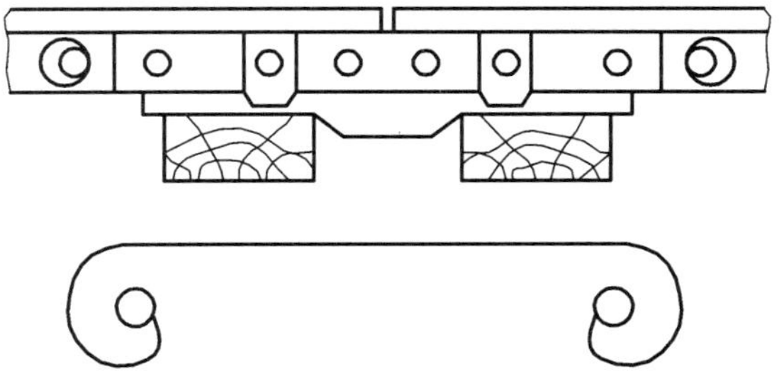

图 2-18　导电接头

4. 绝缘接头

绝缘接头设于轨道电路区段两端的钢轨接头处，它的作用是保证相邻轨道电路的电气隔离。

绝缘接头除夹板与螺栓外，用于绝缘的零件有绝缘槽、轨端绝缘片、绝缘套管、垫片等，如图 2-19 所示。

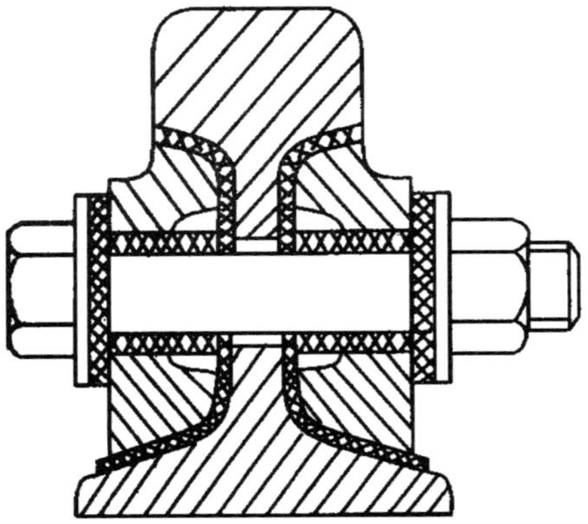

图 2-19　绝缘胶接接头

5. 胶接接头

近年来，由于高分子胶接技术的发展和铺设跨区间无缝线路的需要，胶接绝缘接头的应用越来越广泛。胶接接头的夹板和普通接头不同，夹板内侧和轨腰形状一致，夹板与轨腰之间用尼龙条隔开，螺栓拧紧后注入合成胶，把绝缘接头部分全部胶接为一个整体，由厂家制作为成品或者于现场胶接。

胶接接头代替绝缘接头，改善了绝缘性能和受力状态，并有利于增强接头阻力。

三、轨　枕

轨枕的作用是支撑钢轨，承受钢轨传来的作用力并将其传给道床，且有效地保持钢轨的位置和轨距。因此，轨枕应具有一定的坚固性、弹性和耐久性。

轨枕依其构造及铺设方法不同分为横向轨枕、纵向轨枕、短轨枕。横向轨枕与钢轨垂直间隔铺设，是最常用的一种轨枕；纵向轨枕沿钢轨方向铺设，一般仅用于有特殊需要的地段；短轨枕是在左右两股钢轨下分开铺设的轨枕，常用于混凝土整体道床上，宽轨枕底面积比横向轨枕大，减小了对道床的压力和延缓道床的永久变形。

轨枕按其使用部位可分为用于区间线路的普通轨枕，用于道岔上的岔枕及用于无碴桥上的桥枕。

轨枕按其材质分为木枕、混凝土轨枕及钢枕等。钢枕只在欧洲一些工业发达的国家和一些特殊地区使用，我国很少使用。

木枕又称枕木，是铁路上最早采用而且直到目前为止依然被采用的一种轨枕。其主要优点是弹性好、易加工、运输、铺设、养护维修方便；主要缺点是易腐朽和机械磨损，使用寿命短，且木材资源严重缺乏，价格也比较昂贵，所以目前在城市轨道建设领域木枕已不多见。

目前城市轨道交通线路轨枕主要使用混凝土枕。混凝土枕不受气候、腐朽的影响，使用寿命长，具有较高的道床阻力，对提高线路稳定性是十分有利的，缺点是质量大、弹性差、更换困难。坡度小于 20‰的直线地段及半径大于 400 m 曲线地段，一般每公里轨枕配置 1600 ~ 1680 根，在曲线半径较小或坡度较大地段适当增加。

混凝土枕按配筋方式不同分为普通钢筋混凝土枕和预应力混凝土枕两大类。普通钢筋混凝土枕抗弯能力很差，容易开裂失效。预应力混凝土枕在轨枕制造时给普通钢筋混凝土枕施加了一定的预压应力，因而具有抗裂性能好、用刚量少的优点。我国主要采用整体式预应力混凝土枕，简称混凝土枕。

轨枕长度与轨枕受力状态有关，一般为 2.3 ~ 2.6 m，我国Ⅰ、Ⅱ型混凝土枕长度均为 2.5 m。混凝土枕的高度在其全长是不一致的，轨下部分高些，中间部分矮些。

（a）木枕　　（b）混凝土枕

图 2-20　轨　枕

岔枕在道岔的不同部位长度不一样，最短与区间线路的轨枕长度相同，最长为 4.9 m。

岔枕上需要安装四根工作轨，在不同的道岔部位，工作轨在岔枕上的位置也不一样。列车直向通过时，两根工作轨受力；当列车侧向通过时，另两根工作轨受力，所以岔枕的受力条件更为复杂。

四、扣　件

钢轨与轨枕或其他轨下基础的联结是通过中间联结零件实现的，这种联结零件称为扣件。扣件是轨道结构的重要部件，将钢轨与轨枕（或承轨台）牢固联结，能保持钢轨在轨枕等轨下基础上的正确位置，防止钢轨不必要的横向及纵向移动，并能在动力作用下充分发挥其缓冲减震性能，延缓轨道残余变形积累。

扣件应具备足够的扣压力、适当的弹性，且应有轨距及水平调整性能。此外，扣件还应构造简单，便于安装和拆卸，并具有足够的耐久性和绝缘性能。

扣件分为木枕扣件和混凝土扣件。

木枕扣件有混合式和分开式两种，如图 2-21 所示。混合式扣件较为简单，由铁垫板和道钉组成。道钉从铁垫板孔中打入枕木后，既扣住钢轨，又固定住铁垫板。但这种道钉的扣压力较小，为防止钢轨纵向爬行，需要较多的防爬器配合使用。分开式扣件是将固定钢轨和固定铁垫板的螺栓或道钉分开。一般用螺旋道钉将铁垫板固定在枕木上，铁垫板有承轨槽，固定钢轨的螺栓安装在铁垫板上，然后用弹条或扣板将钢轨固定住。分开式扣件扣压力强，垫板振动得到缓解，一般用于桥上线路。

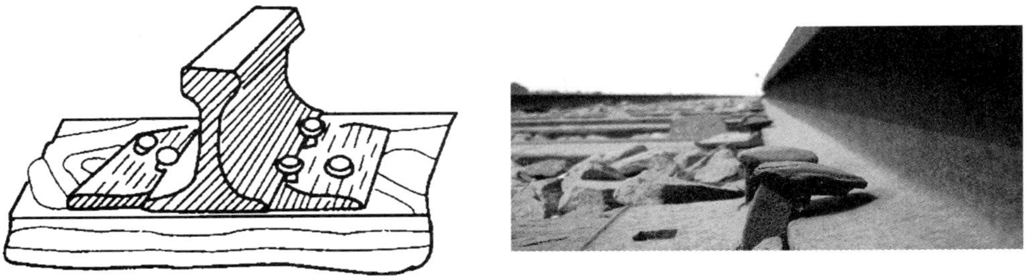

图 2-21　木枕扣件

由于混凝土枕重量大、刚度大，因此对扣件要求较高。混凝土枕扣件按其结构不同分为扣板式、弹片式、弹条式等，城市轨道交通线路现多采用弹条式。弹条式扣件把螺旋道钉固定在轨枕上预留的孔内，再装上弹条，拧上螺帽，使弹条压紧轨底。在钢轨与承轨台之间，设减振垫层以减小车辆振动、降低噪声，如图 2-22 所示。

考虑到城市景观及运营维修的方便，城市轨道交通地下线、高架线多采用整体道床，在施工、运营中结构均会有施工误差，产生不均匀的沉降。同时，也会因轮轨互相作用使轨距及钢轨水平发生变化而超限，因此弹条式扣件有轨距挡板和调高垫板。轨距挡板的作用是传递横向力和调整轨距，有多种号码以满足轨距调整的需要。整体道床扣件轨距调整量一般为+8 mm、－12 mm，水平调整量为 20 ~ 30 mm。

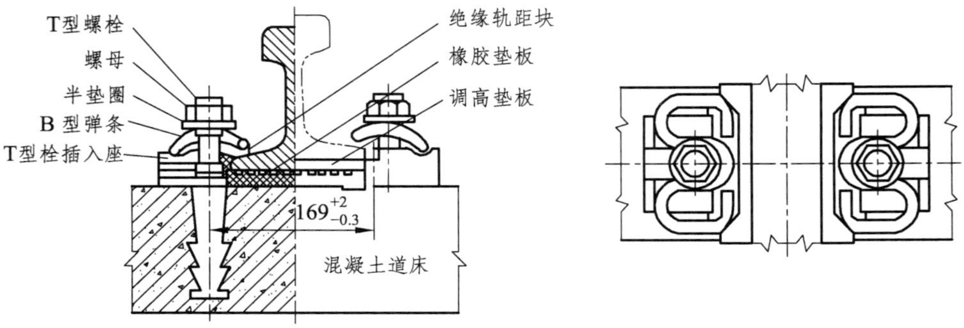

图 2-22　弹条 I 型扣件

目前，城市轨道线路绝大部分都采取了新型的结构和轨下基础，为使扣件满足轨面调高、调整轨距和减振的要求，各专业研究院、设计院通过多年的研究和试验，设计出符合各类特点的新型扣件，主要有 DT 系列、WJ 系列、ZX 系列、弹簧系列和减振系列等。

五、道　床

道床是指铺设在路基（或桥隧）之上，起承受、传布荷载以及稳定轨道结构的作用。道床分为有砟道床和整体道床两大类型。

有砟道床可用于地面正线、出入段/场线，试车线和库外线也宜采用有砟道床。整体道床用于地下线路、高架线路、车场库内线。基底坚实、稳定且排水良好的地面车站可采用整体道床。

正线、出入线、试车线的整体道床与有砟道床间应设轨道弹性过渡段。

1. 有砟道床

有砟道床是传统轨道结构的一部分，其优点是结构简单，具有良好的弹性、排水性能，容易施工，减振、减噪性能较好，造价低，但其轨道建筑高度较高，因此造成结构底板下降，加大隧道的净空，排水设施复杂，养护工作频繁，更换轨枕困难，捣固时粉尘飞扬，危害工作人员健康。

为适应道床功能，有砟道床以道砟为材料。道砟应具有以下性能：质地坚韧，有弹性，不易压碎和捣碎；排水性能好，吸水性差；不易风化，不易被风吹动或被水冲走。用作道砟的材料主要有：碎石、天然级配卵石，筛选卵石、粗砂、中砂及熔炉矿渣等。选用何种道砟材料，应根据运量、行车速度、成本等条件来决定。

有砟道床的断面包括道床厚度、道床宽度及边坡坡度三个主要特征，如图 2-23 所示。

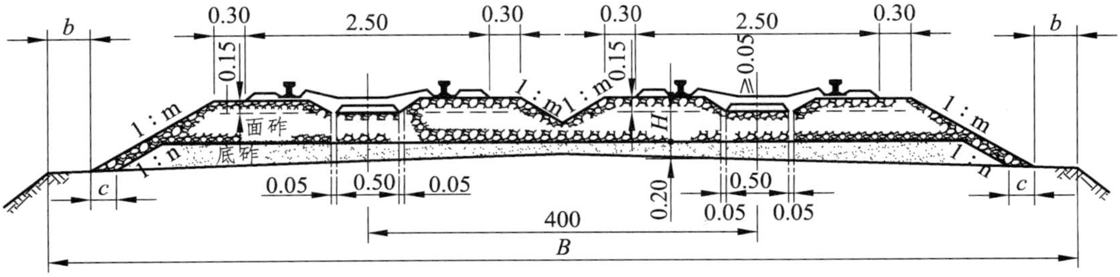

图 2-23　碎石道床的断面

有砟道床的厚度应根据路基类型、线路类别确定，可采用单层或双层结构，见表 2-1。其中，底砟的功能是避免面砟层的颗粒与路基面直接接触，截断地下水的毛细管作用，并降低地面水的下渗速度，阻止雨水对路基面的侵蚀。正线无缝线路地段的道床肩宽不应小于 400 mm，道床边坡采用 1∶1.75；车场线的道床肩宽不应小于 200 mm，道床边坡采用 1∶1.5。

表 2-1　有砟道床厚度　　　　单位：mm

下部结构类型	道床厚度		
	正线、配线		车场线
非渗水土路基	双层	道砟 250	单层 250
		底砟 200	
岩石、渗水土路基，混凝土结构	单层道砟 300		

2. 整体道床

混凝土整体道床又称无砟轨道，是在坚实基底上直接浇筑混凝土以取代松散的碎石道砟层的轨下基础，常用于地下隧道、高架线路及库内线路。

整体道床的优点是整体性好，整洁美观，结构简单，减振性能较好，由于取消了道砟层，大大减少了养护维修工作量，改善了养路工人的劳动条件，并且可以减少隧道的开挖截面，但它也有缺点，即造价高、施工精度要求高、弹性差，在几何尺寸的调整上没有碎石道床方便，一旦发生沉降开裂或变形等病害，整治困难。

目前，城市轨道交通采用的整体道床主要有：带枕浇筑式整体道床、承轨台式整体道床、平过道式整体道床、坑道式及立柱式轨下结构、弹性整体道床等几种。

带枕浇筑式整体道床包括长枕式和短枕式两种形式。长枕式整体道床主要由整体式混凝土枕和现场灌注的混凝土道床组成。长枕需工厂预制，一般长度为 2.1 m 左右。短枕式整体道床是将短枕埋入整体道床内。短枕也在工厂或基地预制，价格较低。

承轨台式整体道床是一种整体灌注式的钢筋混凝土结构，对高架线路尤其适用。先预制支撑块，通过扣件与钢轨联结，然后浇筑纵向混凝土承轨台，把支撑块与高架桥面上预留的垂直钢筋浇筑为一体，如图 2-24 所示。

图 2-24　弹性支撑块式整体道床

平过道式整体道床多为检修库内修建不需检查坑的整体地坪式的线路所采用。为了满足车辆检修库内检修工作的需要，一般采用坑道式及立柱式轨下结构。

弹性整体道床利用橡胶隔振垫、钢弹簧浮置板或弹性支撑块等提高轨道结构的弹性。

整体道床和碎石道床连接处应设过渡段，长度为 6.25 m，采用混凝土槽型基础，上面铺设钢筋混凝土轨枕，碎石道床厚 25 cm。

整体道床采用弹性分开式扣件，扣件静刚度较小、弹性好，所以也可采取适当加大整体道床轨枕间距、加密碎石道床轨枕间距的方法实施弹性过渡，过渡段长度为 12～15 m。

六、道　岔

详细见任务三。

七、轨道附属设施

1. 轨道加强设备

（1）防爬器

为增加木枕线路的纵向阻力，防止线路纵向爬行，应在轨底安装防爬器。防爬器是由带挡板的轨卡穿销组成。安装时，轨卡的一边卡紧轨底，另一边楔进穿销，使整个防爬器牢固地卡住轨底，如图 2-25 所示。

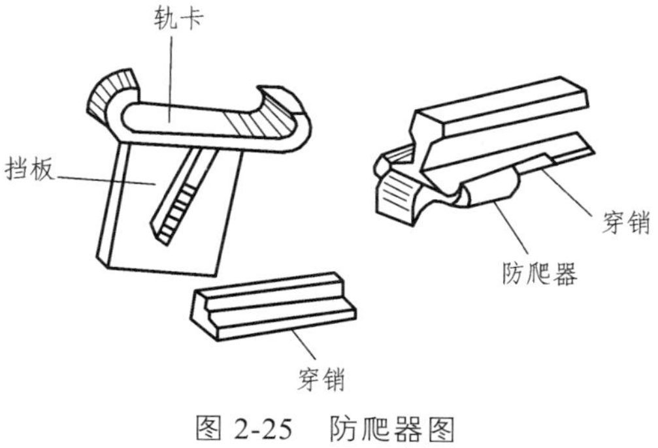

图 2-25　防爬器图

（2）防爬撑

防爬撑是与防爬器配套使用的设备，有木撑和石撑两种形式，也可利用废旧木枕改制。通常安装在线路道心，安装时不能留有空隙，如图 2-26 所示。

图 2-26　防爬撑、轨距杆

（3）轨距杆

通常在碎石道床线路的小半径曲线地段，岔前基本轨附近，导曲线以及其他薄弱地段或线路状态不良处安装轨距杆，用以保持轨距，并加强轨道框架结构的刚度，如图 2-26 所示。轨距杆按使用要求分为普通轨距杆和绝缘轨距杆，绝缘轨距杆用于装有轨道电路的线路上。

2. 护　轨

护轨分为桥梁护轨、道口护轨、道岔护轨、曲线防磨护轨、曲线防脱线护轨等五种。护轨一般规定采用旧轨。护轨接头应采用相同轨型的接头夹板连接。螺母应安装在轮缘槽外侧。

当机车车辆在桥头或桥上脱轨时，护轨可将脱轨车轮引导并限制于护轨与基本轨之间的轮缘槽内继续顺桥滚出，以免机车车辆向旁偏离撞击桥梁或自桥上坠下而造成严重事故。此外，也有可能帮助已脱轨的机车车辆的车轮重新爬上基础轨，所以它是重要的安全设施。

防脱护轨一般设于下列地段：

（1）曲线半径小于 500 m 的缓圆（圆缓）点，缓和曲线部分 35 m、圆曲线部分 15 m 的范围内曲线钢轨内侧。

（2）双线高架桥跨越城市干道和铁路地段及其以外各 20 m 范围内，在靠近高架桥中线侧的钢轨内侧，单线高架桥则上述地段钢轨内侧。

（3）竖曲线和缓和曲线重叠处，重叠范围为两股钢轨内侧。

图 2-27　防脱护轨

3. 车　挡

车挡是防止列车在意外情况下冲击线路终端造成车辆和设备损坏的安全保护装置。为保证行车安全，防止在遇到特殊情况时列车冲出线路，在正线、配线、试车线、库内线的末端都必须设置车挡。车挡也称挡车器，分为固定式和缓冲滑动式两种。库内线宜采用固定式车挡，正线、配线、试车线宜采用缓冲式车挡。

（1）固定式车挡

早先的固定式车挡多以土堆或片石浆砌而成，如图 2-28 所示。

图 2-28　片石浆砌成的车挡

城市轨道交通车辆段库内常用简易式钢结构月牙形固定式车挡，如图 2-29 所示。月牙形车挡结构简单、长度小、造价低，可在轨腰钻孔后直接安装。

图 2-29　月牙形固定式车挡

（2）缓冲式车挡

缓冲式车挡上设有缓冲装置，能起到缓冲作用，而且在被列车撞击后车挡还有一定的滑动距离，能有效地消耗列车的动能，迫使列车停住，比较安全可靠。缓冲式车挡有滑动式、液压式等多种。

缓冲滑动式车挡由主架和制动轨卡组成，结构简单、安全可靠，如图 2-30 所示。车挡设在线路有效长度范围外，并且根据信号的需要，在挡车器的前端加设 24.5 m 的信号安全区。其为摩擦制动，当重 220 t、时速 15 km 的列车撞击车挡时，可在 15 m 内停车。

图 2-30　缓冲滑动式车挡

液压式缓冲挡车器是液压制动的，技术先进、结构合理、制动距离短，主要用于地下线，可降低地下线路综合造价，如图 2-31 所示。液压式缓冲挡车器结构复杂，造价较高，但具有自动复位和事故报警、记录等功能，从而可以缩短事故处理时间，并能在事故发生的瞬间发出警报，并同时记录、储存事故发生的时间和肇事车辆的速度等数据。

图 2-31 液压式缓冲挡车器

任务三　道　岔

道岔是线路相连接或交叉设备的总称，它用来使车辆从一股道转向或越过另一股道。

道岔有线路连接、线路交叉及线路连接与交叉三种形式。常见的线路连接有单开道岔、单式对称道岔及三开道岔；线路交叉有直角交叉和菱形交叉；线路连接与交叉有交分道岔及各种交叉渡线。应用这些道岔，可以把不同位置和方向的轨道相互连接起来。

由于道岔构造复杂，限制行车速度，养护维修投入大，与曲线、接头并称为轨道的三大薄弱环节，因此应使道岔具有良好的技术性能，确保列车能在规定的速度下安全、可靠地通过道岔，延长道岔的使用寿命。

城市轨道交通中间站通常不设配线，不需道岔。有渡线和折返线的车站设有道岔，用于车辆的转线。在车辆段（停车场）内，设有较多道岔，通过道岔将停车线、检车线等与走行线连接。

一、单开道岔

单开道岔结构简单，占道岔的大多数。单开道岔将一条线路分为两条，主线为直线，侧线由主线的左侧或右侧岔出。站在道岔前部面向尖轨尖端，凡侧线由主线左侧岔出的称为左开道岔，侧线由右侧岔出的称为右开道岔。

单开普通道岔主要由转辙器部分、连接部分、辙叉及护轨部分组成，如图 2-32 所示。

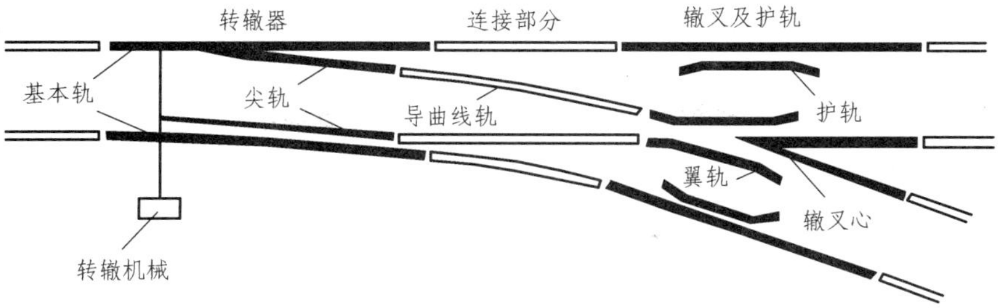

图 2-32 单开道岔

1. 转辙器部分

单开道岔的转辙器由两根基本轨、两根尖轨、各种联结零件和道岔转辙机构组成，如图 2-33 所示。

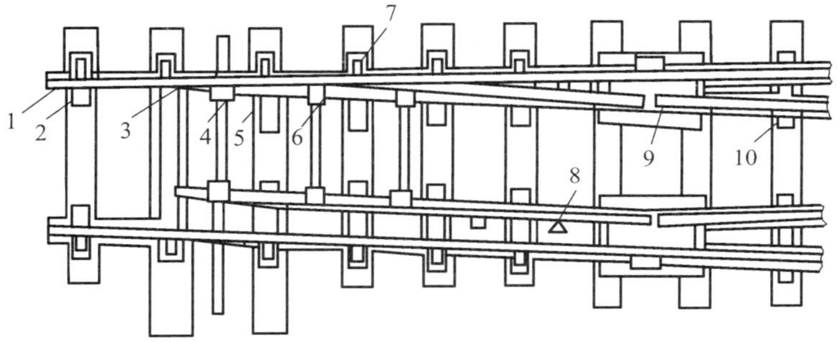

1—基本轨；2—辙前垫板；3—尖轨；4—拉杆；5—滑床板；6—连接杆；7—轨撑；8—顶铁；9—尖轨跟部结构；10—辙后垫板

图 2-33 单开道岔的转辙器

（1）基本轨

基本轨位于尖轨外侧，用标准断面的普通钢轨制成，主股为直线，侧股按转辙器各部分的轨距在工厂事先弯折成规定的折线型或折曲线型。基本轨除承受车轮的垂直压力外，还与尖轨共同承受车轮的横向水平力，并保持尖轨的稳定。为防止基本轨在横向力作用下的横向移动，在其外侧设置轨撑。为了增加钢轨表面硬度，提高耐磨性并与尖轨保持良好的密贴状态，基本轨头顶面一般还进行淬火处理。

（2）尖轨

尖轨是转辙器的主要部分，车辆进出道岔由它引导，用与基本轨同类型的标准钢轨或特种断面钢轨刨制而成。为使转辙器能正确引导列车的行驶方向，尖轨尖端必须与基本轨紧紧贴靠。尖轨按其平面状态不同分为直尖轨和曲尖轨两种。直尖轨左右开道岔可通用，加工制造简单，尖轨尖端刨削部分短，横向刚度大，尖轨动程与跟端轮缘槽小。但这种尖轨的转辙角较大，列车对尖轨的撞击也大，尖轨尖端易磨耗与损伤。曲线尖轨左右开道岔不能通用，加工较复杂，但与同号直线型尖轨道岔相比，可缩短道岔长度，增大导曲线半径，提高列车侧向过岔速度。城市轨道交通运营线均采用曲线形尖轨。

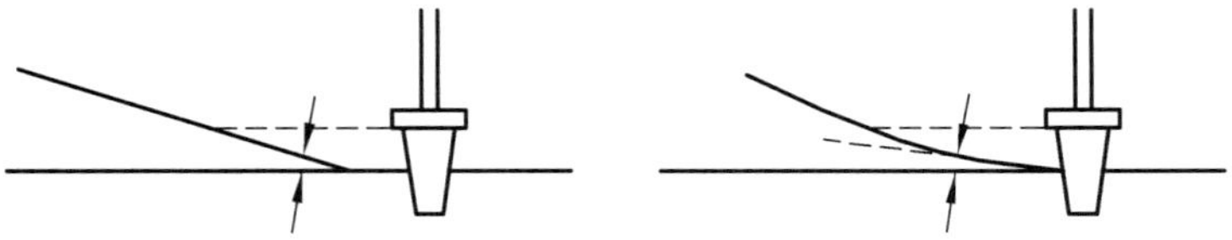

图 2-34　直线曲线尖轨

尖轨与导曲线钢轨连接的一端称为尖轨跟端，如图 2-35 所示。尖轨跟端的结构形式有采用间隔铁鱼尾板式和弹性可弯跟端式。间隔铁鱼尾板式跟端结构由尖轨跟端大垫板、间隔铁、跟端夹板、跟端轨撑、防爬卡铁及联结螺栓等组成。该跟端结构零件较少，结构简单，尖轨扳动灵活，但稳定性较弹性可弯式差，容易出现病害。弹性可弯式尖轨在跟端前 2 ~ 3 根轨枕处，将轨底削去一部分，使其与轨头同宽，形成柔性部位，使尖轨具有能从一个位置扳动到另一个位置的足够的弹性。

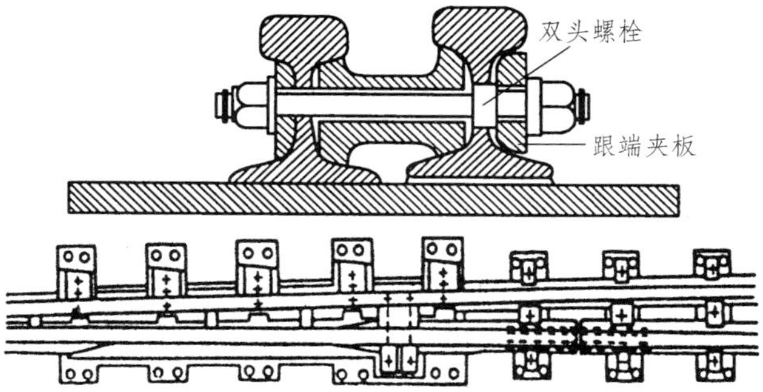

图 2-35　尖轨跟端结构

在跨区间无缝线路中，为限制尖轨尖端的伸缩位移，在尖轨根部的基本轨和尖轨轨腰上可安装如图 2-35 所示的限位器和间隔铁结构，将尖轨的温度力传递给基本轨，减少尖轨纵向位移。

为使转辙器能正确引导列车的行驶方向，尖轨尖端必须与基本轨紧密贴靠。尖轨与基本轨的贴靠方式通常有两种，一种是爬坡式，一种是藏尖式。藏尖式可保护尖轨尖端不被车轮轧伤，并使尖轨在动载作用下保持良好的竖向稳定性。

为保证尖轨具有承受车轮压力的足够强度，规定在尖轨顶宽 50 mm 以上部分才能完全受力。尖轨各个断面的高度都有具体规定。

（3）转辙器上的其他部零件

连接杆是将两根尖轨联结成一个框架式整体一起摆动，同时保持两尖轨在平面上的相对位置，一般设 2 ~ 3 根。安装在尖轨最前面与转辙机械相连的一根为拉杆，用以转换尖轨位置。尖轨尖端非作用边与基本轨作用边之间的拉开距离为道岔的尖轨动程，规定在距尖轨尖端 380 mm 第一联接杆中心处量取。

顶铁是保证基本轨与尖轨共同承受车轮横向压力而设于尖轨轨腰处的。顶铁的长度应按安装顶铁处尖轨与基本轨工作边的支距计算确定，以尖轨尖端靠贴基本轨时，顶铁刚好与基本轨腹部靠贴为好。

滑床板设在尖轨范围的岔枕上，支承尖轨和基本轨，保证尖轨在滑床板顶部的滑床平台上能左右平滑摆动。为此，对滑床平台要经常清扫并涂以润滑剂。

轨撑设于基本轨外侧，以防止基本轨横向移动并保持轨距。通常从基本轨始端第二根岔枕至跟端前一根岔枕范围内的每根岔枕上的基本轨外侧都安设轨撑。

辙前垫板又称轨撑垫板，设于尖轨尖端前部一段基本轨下面，用以固定轨撑的位置，并与轨撑共同防止基本轨向外横向移动。辙后垫板设于尖轨跟后一段长度内，用以保持尖轨跟后导曲线支距的准确。

转辙机械用于扳动尖轨到不同的位置，使道岔能准确地开通直线或侧线，有手动和电动两大类，城市轨道交通的道岔常采用电动集中方式转换。道岔转辙机械必须就具备转换（改变道岔方向）、锁闭（锁闭道岔，在转辙干中心出尖轨与基本轨之间，不允许有 4 mm 以上的间隙）和显示（显示道岔的定位或反位）等三种功能。

2. 辙叉及护轨

辙叉是使车轮从一股钢轨越过另一股钢轨的设备，它设置于道岔侧线钢轨与道岔主线钢轨相交处。辙叉由心轨、翼轨、护轨及联结零件组成。单开道岔的辙叉按构造分为固定式辙叉和可动式辙叉两类，以固定辙叉最为常用。固定辙叉又分整铸辙叉和钢轨组合式辙叉两种。

锰钢整铸辙叉如图 2-36 所示，它是用高锰钢把心轨和翼轨铸成整体的辙叉。高锰钢是一种锰、碳元素含量较高的合金钢，具有较高的强度和良好的冲击韧性，经热处理后，在冲击荷载作用下会很快产生硬化，使表面具有良好的耐磨性，同时，由于心轨和翼轨同时浇铸，整体性和稳定性较好。这种辙叉还具有使用寿命长、养护维修方便的优点。

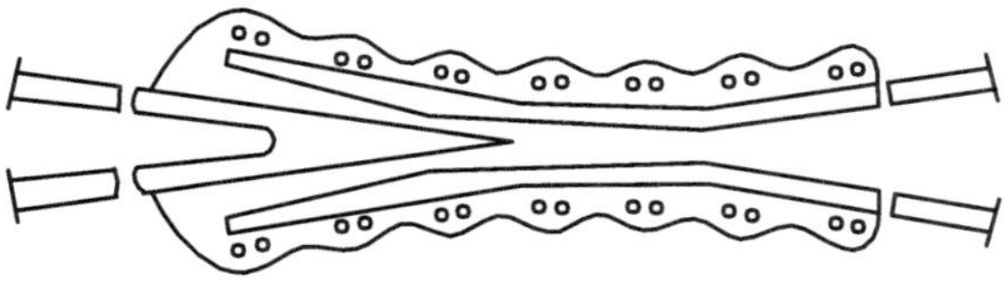

图 2-36　整体铸造式辙叉

钢轨组合式辙叉是用钢轨和其他零件刨切拼装而成的。它由长心轨、短心轨、翼轨、间隔铁、辙叉垫板及其他联结零件组成，如图 2-37 所示。辙叉心是由长短心轨拼装而成，长心轨应铺在正线或运量较大的方向上。为尽可能保持长心轨截面的完整，需将短心轨的头部和底部刨去一部分，使短心轨轨底叠盖在长心轨轨底上，以保持辙叉心的坚固稳定。

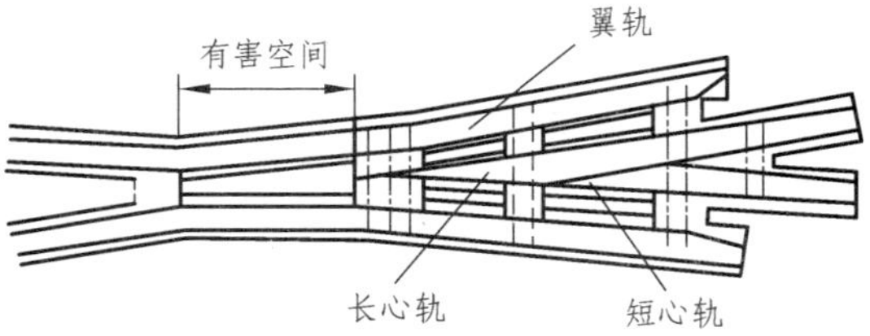

图 2-37　钢轨组合式辙叉

叉心两侧作用边之间的夹角叫作辙叉角。辙叉心轨两个工作边的延长线的交点称为辙叉理论中心（理论尖端）。由于制造工艺的原因，实际上的叉心尖端有 6 ~ 10 mm 的宽度，此处称为心轨的实际尖端。

翼轨由普通钢轨弯折刨切而成，用间隔铁基螺栓和叉心联结在一起，以保持相互间的正确位置，并形成必要的轮缘槽，使车轮轮缘能顺利通过。两翼轨工作边相距最近处称辙叉咽喉。从辙叉咽喉至心轨实际尖端之间的轨线中断的距离叫作“有害空间”，如图 2-38 所示。道岔号数越大，辙叉角越小，这个有害空间就越大。车轮通过有害空间时，叉心容易受到撞击。为保证车轮安全通过有害空间，在辙叉两侧相对位置的基本轨内侧设置了护轨，借以引导车轮的行驶方向，如图 2-32 所示。

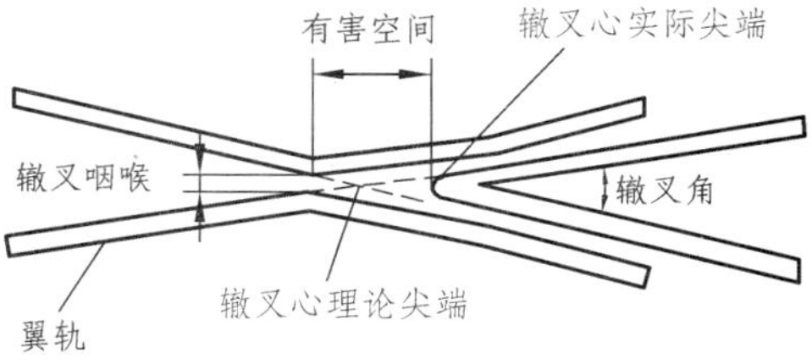

图 2-38　辙叉构造示意图

道岔号数以辙叉号数 N 来表示，我国规定以辙叉角的余切值来表示辙叉号数（N），如图 2-39 所示。

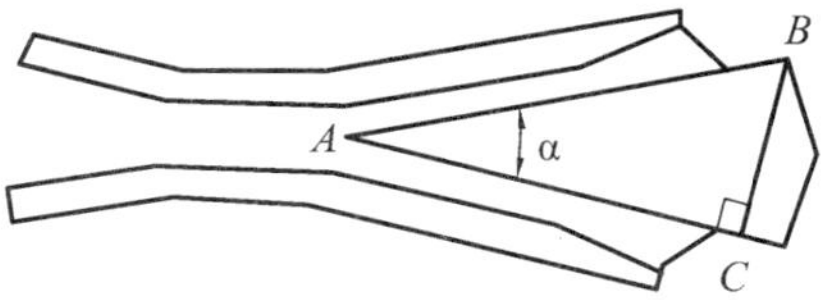

图 2-39　辙叉号数示意图

$$N = \cot\alpha = AC / BC$$

式中　BC——辙叉心上工作边任意一点至另一工作边的垂直距离；

AC——辙叉心理论尖端沿工作边至垂足的距离；

α——辙叉两工作边的夹角；

N ——辙叉号数。

辙叉角越小，辙叉号数越大；辙叉角越大，辙叉号数越小。

在城市轨道交通线路中，一般采用 9 号和 7 号道岔，对应的辙叉角分别为 6°20′25″和 8°07′48″。其中 9 号用于正线和配线，7 号用于车辆段。近年来，广州地铁、上海地铁有运营速度较高的线路采用了 12 号道岔，对应的辙叉角为 4°45′49″。

检测道岔号数最简单的方法是用脚量法，即先在辙叉心轨顶面上找出一脚长的宽度处，然后由此向前量至辙叉理论尖端处，几脚就是几号道岔。

护轨设于辙叉的两侧，用以控制车轮的轮缘，使之进入设定的轮缘槽内，防止与叉心碰撞。护轨可用普通钢轨或特种断面的护轨钢轨制作。护轨的防护范围应包括辙叉咽喉至叉心顶宽 50 mm 的一段长度，并要求有适当的余量。在平面图中，它由中间平直段、两段缓冲和开口端段组成，如图 2-32 所示。护轨平直段是起防护作用的部分，缓冲和开口端起将车轮平顺地引入平直段的作用。

翼轨作用面至护轮轨头部外侧的距离称为护背距离。此距离应保证轮对在最不利的条件下不被翼轨和护轨卡住。因此，翼轨工作边和护轨工作边的距离必须小于 1 348 mm。但也不能太小，太小就减少了车轮踏面与翼轨顶面的接触面积，增大了有害空间，危及行车安全，加速辙叉磨耗。这个距离应保持在 1 346 ~ 1 348 mm。

辙叉心作用面至护轮轨头部外侧的距离称为护轨与心轨的查照间隔，此间隔应保证车轮轮对在最不利的条件下，借护轮轨制约一侧车轮，而不使另一侧车轮冲击辙叉心。护轨与心轨两工作边的距离必须大于 1 391 mm，但也不能太大，太大了就减少了护轨轮缘槽的宽度，不能满足 1 348 mm 这个距离。如果把心轨往外移，辙叉的轨距又不能满足，所以这个距离应保持在 1 391 ~ 1 394 mm。

可动辙叉是指辙叉的心轨或翼轨可以移动，以保证列车过岔时轨线的连续，消除了固定辙叉上的有害空间，并可取消护轨，同时辙叉在纵断面上的几何不平顺也可以大大减少。从而显著地降低了辙叉部位的轮轨相互作用力，提高运行的平稳性，延长辙叉的使用寿命，但在城市轨道交通线路中暂无使用。

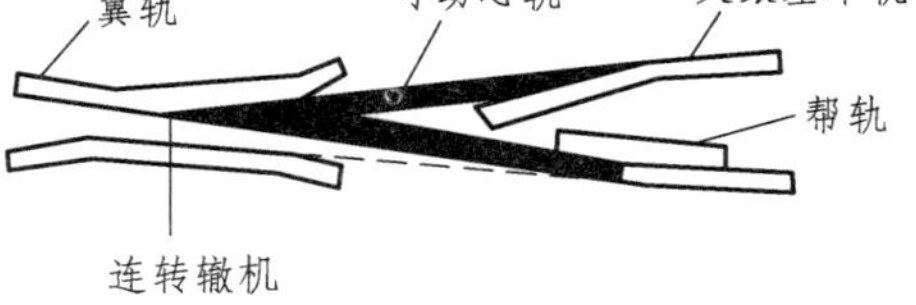

图 2-40　可动心轨辙叉

3. 连接部分

连接转辙器和辙叉的轨道称为道岔的连接部分，它包括直股连接线和曲股连接线，如图 2-32 所示。直股连接线与区间直线线路的构造基本相同，曲股连接线又称导曲线，目前城轨线路上铺设的道岔导曲线均为圆曲线，其半径的大小决定于道岔的号数及列车过岔的速度。当尖轨为曲线型时，尖轨本身就是导曲线的一部分。导曲线由于长度及界限的限制，一般不设超高和轨底坡。为防止导曲线钢轨在动荷载作用下的外倾和轨距扩张，既可设置一定数量的轨撑或轨距拉杆，也可以在导曲线范围内设置一定数量的防爬器及防爬支撑，以减小钢轨的爬行。

连接部分一般配置 8 根钢轨，其中直股连接线 4 根，曲股连接线 4 根。配轨时要考虑轨道电路绝缘接头的位置和满足接头相对的要求，并尽量采用 12.5 m 或 25 m 的标准钢轨。连接部分使用的短轨一般不短于 6.25 m，在困难的情况下不短于 4.5 m。

二、其他类型的道岔

1. 对称道岔

对称道岔是单开道岔的一种特殊形式，它的结构和单开道岔基本相同，只是连接部分没有直轨，只有导曲线轨，如图 2-41 所示。导曲线半径相等时，对称道岔的长度要比单开道岔短；其他条件相同时，导曲线半径约为单开道岔的两倍；在曲线半径和长度保持不变时，可采用比单开道岔更小号数的辙叉。因此在道岔长度固定的条件下，使用对称道岔可获得较大的导曲线半径，能提高过岔速度，在保持相同的过岔速度的条件下，对称道岔能缩短道岔长度。

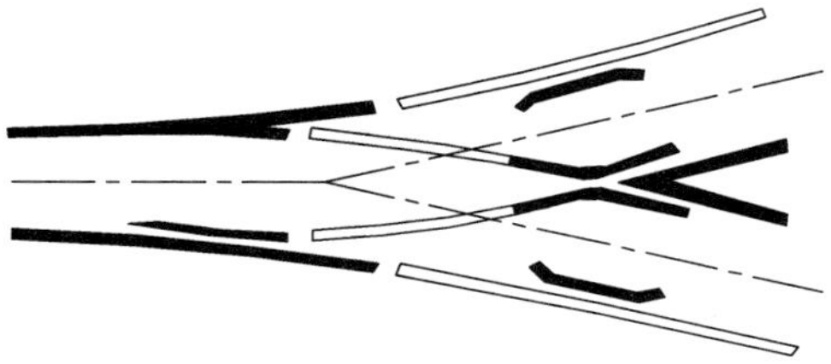

图 2-41　对称道岔

2. 三开道岔

当需要连接的线路较多且又受场地限制不能在主线上连续铺设两组单开道岔时，可把一组道岔纳入另一组道岔中形成三开道岔。这种道岔有两对尖轨和三副辙叉，如图 2-42 所示。两对尖轨中有一对尖轨比外面的短，三副辙叉中后两副辙叉的辙叉角相等，而前面的（即中间的）一副辙叉角较大，并位于主线的中线上。其优点是道岔长度远比两组单开道岔的长度之和短，缺点是结构复杂，尖轨削弱较大，使用寿命短，运行条件较差，主线行车速度受到限制。

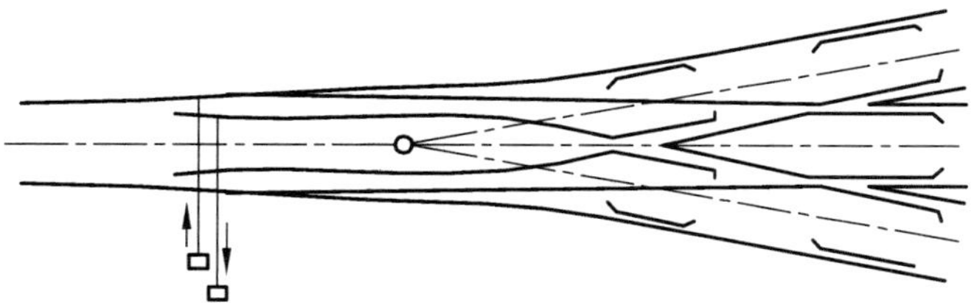

图 2-42　三开道岔

3. 菱形交叉

一条线路与另一条线路在同一平面上相交，使机车车辆能跨越运行，交叉角度小于90°的连接设备称为菱形交叉。菱形交叉由两组相同角度的锐角辙叉和两组相同角度的钝角辙叉所组成，如图 2-43 所示。菱形交叉常用于两条线路的平面交叉，也可用于交分道岔和交叉渡线中。

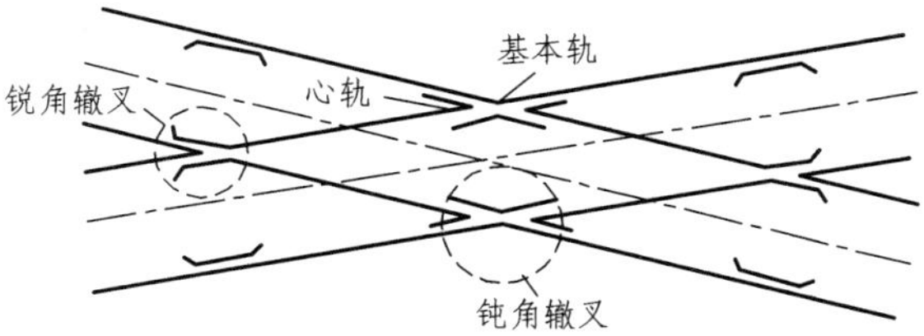

图 2-43　菱形交叉

锐角辙叉的结构与单开道岔中的辙叉结构基本相同，钝角辙叉分为固定型和可动心轨型两种。固定型钝角辙叉由弯折基本轨、长心轨、短心轨、护轨、帮轨及连接零件等组成，如图 2-44 所示。帮轨用来增强辙叉结构的稳定性。

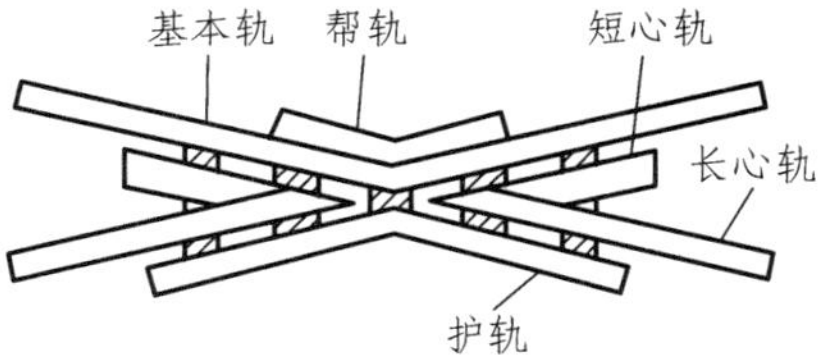

图 2-44　固定型钝角辙叉

菱形交叉可以与四组单开道岔组成交叉渡线，如图 2-45 所示。交叉渡线用于平行线路之间的连接，在需要连续铺设两条方向相反的普通渡线而站场受到限制或为缩短咽喉长度时，可以采用这种渡线。

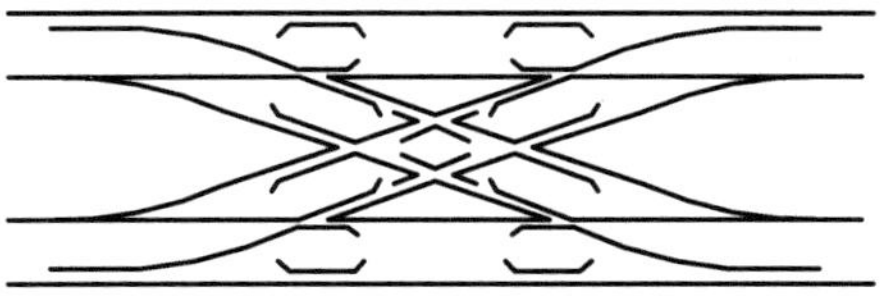
图 2-45　交叉渡线

4. 交分道岔

交分道岔分为复式和单式两种。在菱形交叉一侧增添两幅转辙器和一对连接连接曲线，即构成单式交分道岔；在菱形交叉两侧各增添一对连接连接曲线，则构成复式交分道岔。

一组复式交分道岔相当于两组对向铺设的单开道岔，可以开通四个方向八条通路，其构造复杂，但占地长度短，用于地面狭窄而又繁忙的站场咽喉区。复式交分道岔又分为固定式和活动式两种，如图 2-46 所示。

固定复式交分道岔由下列几部分组成：

（1）转辙器部分主要包括两组转辙机八条尖轨，每端的四条尖轨固定在一根拉杆上与转辙机相连，操纵转辙机时四条尖轨同时动作。

（2）辙叉及护轨主要包括两组固定式辙叉和两组锐角辙叉。

（3）连接部分包括两组导曲线。

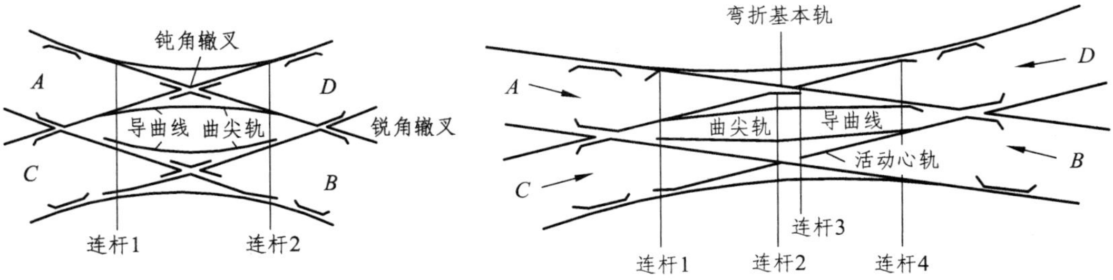

图 2-46　交分道岔

（4）活动式复式交分道岔主要是将固定复式交分道岔的两组固定钝角辙叉，改为两组活动钝角辙叉，增设了两组转辙机控制可动心轨的摆动，消除了此处的“有害空间”。

三、列车过岔速度

道岔是线路提高速度的主要控制因素之一。列车通过道岔的速度包括直向通过速度和侧向通过速度。道岔容许通过速度取决于道岔构件的强度及平面形式两个方面，这些是保证列车安全平稳运行和旅行舒适度所必不可少的。

1. 直向过岔速度

列车直向过岔速度主要受以下因素影响：

（1）车辆进入辙叉时，车轮轮缘对护轨缓冲段及翼轨的冲击。冲击角越大，动能损失及震动越大，乘客越不舒服。

（2）道岔几何结构不平顺（如尖轨与基本轨的高差及尖轨部分轨距变化较大等），造成运行不平稳及摇晃。

（3）车辆通过有害空间时，车轮瞬间起落很大，造成车辆重心上下起伏、震动和强烈摇晃，列车速度越大，颠簸越大。

2. 侧向过岔速度

列车侧向过岔速度主要受以下因素影响：

（1）列车由直线进入侧线时，外轮轮缘对尖轨和导曲线外轨的冲击，迫使车辆不断改变运行方向。由于导曲线不设缓和曲线，冲击角越大，车轮对钢轨冲击越大，动能损失越大，乘客越不舒服。

（2）导曲线半径的大小及导曲线不设超高。由于导曲线半径一般较小，导曲线外轨一般不设超高，列车未被平衡的离心加速度较大，限制了列车侧向过岔速度，影响了乘客的舒适度。

城市轨道交通列车沿道岔直向运行，市区行车速度常在 100 km/h 以下，一般不需限速。9 号道岔侧向最高过岔速度为 35 km/h 或 30 km/h（取决于导曲线半径）、7 号道岔侧向最高过岔速度 25 km/h。郊区线路若采用 12 号道岔，直向速度可达 120 km/h，侧向最高过岔速度可达 45 km/h 或 50 km/h。

四、道岔中心线表示法及其几何要素

（1）道岔的中心线表示

绘制线路车站平面图时，线路和道岔通常是用中心线表示的，如图 2-47 所示。这种表示法不但绘图简便，也能满足设计和施工的需要。

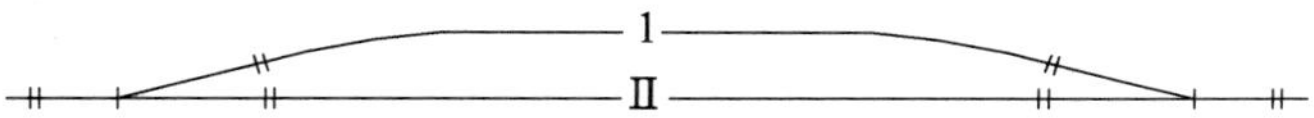

图 2-47　线路及道岔中心线表示

例如，画 9 号左开单开道岔时，先在主线中心线上确定两线路中心线交点位置，再以交点为原点，沿主线中心线画出等于道岔号数的 9 个等分线段，并在最后一个线段末端画一等分线段，使其垂直于主线线路中心线，将垂直线段的终点与道岔中心线连接起来，就形成了用线路中心线表示的 9 号道岔的辙叉角，最后由道岔中心向前量出 *a* 长，向后量出 *b* 长，（*a*、*b* 含义见图 2-50），如图 2-49 所示。

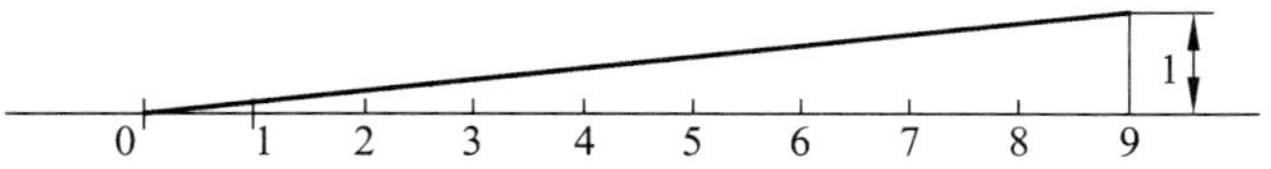

图 2-48　用线路中心线表示的 9 号单开道岔

用线路中心线表示的各种类型道岔如图 2-49 所示。

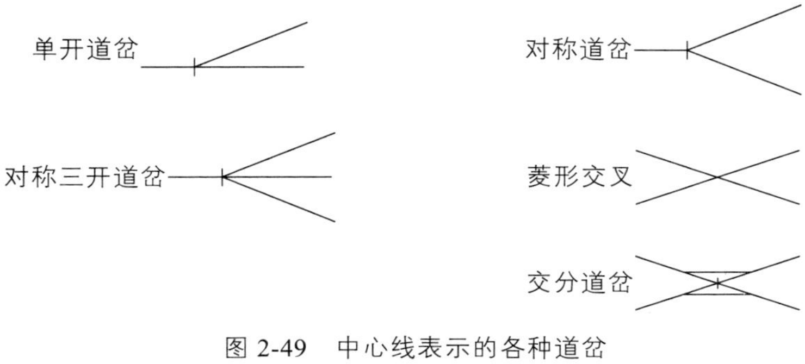

图 2-49　中心线表示的各种道岔

（2）道岔的几何要素

为了用中心线表示法绘制车站平面图，必须知道道岔的几何要素，单开道岔主要几何要素如图 2-50 所示。

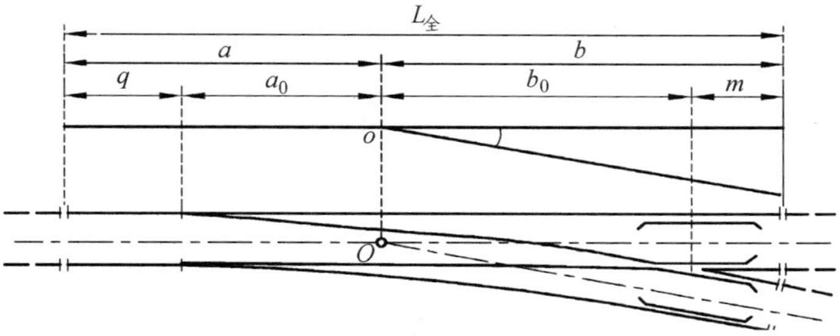

图 2-50　单开道岔主要几何要素名称示意图

图 2-50 中，O 表示道岔中心（直线线路中心线与侧线线路中心线的交点）；a 表示道岔前部实际长度（从道岔始端轨缝中心至道岔中心的水平距离）；b 表示道岔后部实际长度（从道岔终端轨缝中心至道岔中心的水平距离）；$L_全$表示道岔全长（道岔始端至道岔终端的水平投影长度）；a_0 表示道岔前部理论长度（尖轨尖端至道岔中心的水平距离）；b_0 表示道岔后部理论长度（道岔中心至辙叉心轨理论尖端的水平距离）；q 表示尖轨尖端前的基本轨长度；m 表示辙叉跟长。

不同类型的道岔因道岔号数不同，其主要尺寸也不同，9 与 7 号道岔主要几何要素如下：

9 号　$a = 13\ 839$ mm

$b = 15\ 009$ mm

$L_全 = 28\ 848$ mm

$q = 2\ 650$ mm

$m = 2\ 050$ mm

$R = 180$ m 或 $R = 200$ m

7 号　$a = 10\ 897$ mm

$b = 12\ 070$ mm

$L_全 = 22\ 967$ mm

$q = 2\ 238$ mm

$m = 1\ 970$ mm

$R = 150$ m

五、道岔结构病害原因分析

道岔结构比较复杂，零件较多，在列车荷载作用下，若维修保养不及时，则极易发生病害。

道岔各部分结构病害出现的原因如下：

1. 转辙器

（1）切轨底基本轨的轨底切口处容易折断。

（2）尖轨跟端无桥型垫板，尖轨跳动，轨距不易保持。

（3）尖轨尖端降低值过小，实际尖端过宽，容易被轧伤，并有被车轮爬上造成不安全因素的可能。

（4）直尖轨长度过短，转辙角过大，侧向过岔速度受限制。

（5）尖轨跟端轮缘槽过窄时起护轨作用，接头容易损坏，过宽时转辙角增大。

（6）尖轨跟端螺栓无套管，螺栓帽上紧则妨碍扳动尖轨，松开则会导致尖轨跳动及横移。

2. 导曲线

（1）缺少连接铁板和通长垫板，容易发生横向移动。

（2）导曲线位置不正确，没有按支距做好圆度，轨距、方向不易保持。

3. 辙叉及护轨

（1）钢轨组合辙叉长心轨尖端未淬火。

（2）翼轨上未堆焊加高，车轮到辙叉心时突然下降，易轧伤心轨尖端。

（3）组合辙叉下面没有大垫板。

（4）辙叉各部分间隔尺寸不恰当，如翼轨轮缘槽过宽过窄。过宽时减少了车轮踏面与翼轨的接触面积，使翼轨迅速磨耗，同时车轮过早地离开翼轨，加重了心轨尖的负担；过窄时某些轮对通过辙叉时会发生撞击，增加阻力，消耗动能，影响速度。

（5）翼轨与心轨采用切轨底式结构，容易折断。

（6）长心轨与短心轨接触位置太靠前，长心轨切割过多，强度减弱，容易折断。

（7）翼轨的咽喉尺寸过小，弯折点设置位置不当，会引起严重磨耗，导致轮背冲击咽喉，影响速度提高。

（8）护轨及翼轨开口尺寸过小，缓冲段冲击角过大，甚至没有缓和段，车轮通过时对护轨及翼轨冲击力过大，使护轨及翼轨窜动，护轨及基本轨横移，螺栓折断，轨距、方向不易保持。

因此，为保证列车运行安全，当发现不正常情况时应立即采取相应措施。

六、独轨交通的道岔

独轨交通是一种中、小运量的轨道交通系统，一般认为独轨铁路每高峰小时运输乘客少于 1 万人次。其特别适合在大坡道和小半径曲线发挥作用，其最小半径和线路最大坡度见表 2-2。

表 2-2　独轨铁路的最小半径和最大坡度

跨座式独轨铁路			悬挂式独轨铁路		
运营线路	R_{min}/m	60	运营线路	R_{min}/m	30
	i_{max}	6%		i_{max}	6%
其他线路	R_{min}/m	30	其他线路	R_{min}/m	30
	i_{max}	10%		i_{max}	12%

独轨交通基本上分为跨座式和悬挂式两种类型。跨座式独轨铁路的车体重心在轨道梁的上方，运行时车体跨座在轨道梁上；悬挂式独轨铁路的车体重心在轨道梁的下方，运行时转向架挂着车体沿轨道梁运行。

跨座式独轨交通道岔是由一定长度的轨道梁本身作为道岔，使其移动，与另一线路的轨道梁对接完成转辙作业。道岔梁一端可以移动，整根梁与梁下方的支撑台车固定在一起，由台车上的电机驱动。道岔梁可分为两类：一类为柔性铰接型（又称关节可挠型），可使道岔梁连续弯成曲线；另一类为简易铰接型（又称关节型），转辙时道岔梁在转辙点前方保持一定距离的直线。正线宜选择关节可挠型道岔，配线和车辆基地内的线路可选择关节型道岔。

除道岔梁外，跨座式独轨交通道岔还包括移动台车、驱动装置、导向及稳定面弯曲装置、锁定装置及控制系统等。台车由车架、台车轮、轴、轴承等组成。走行轨应牢固地安装在道岔底板上，底板安装应能保证道岔的安装精度和使用精度。驱动装置由带电磁制动的电动机、安全离合器、减速机、传动轴、旋转臂、回转臂头及导向滑槽等组成。驱动装置应能使道岔在规定时间内完成起动、加速、匀速、减速、停止等过程。锁定装置应安全可靠，定位准确，锁定牢固，并满足抵抗车辆通过时产生的离心力和冲击力的强度要求。

根据连接线路的形式，独轨道岔有单开、双开、三开及五开等，而其组合形式则有交叉渡线、单渡线、双渡线、八字形渡线等。图 2-51 为单开道岔和交叉道岔。

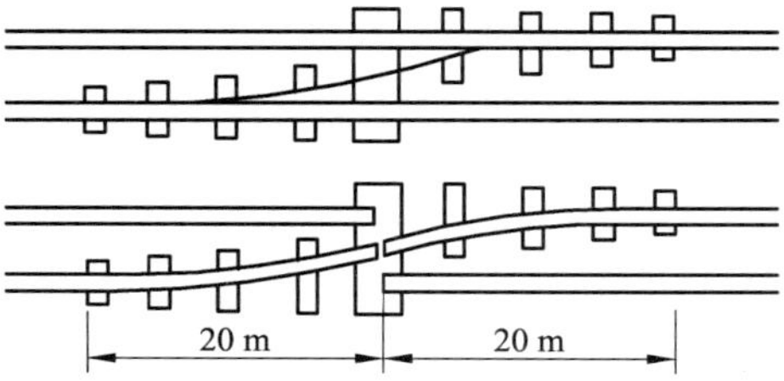

单开道岔

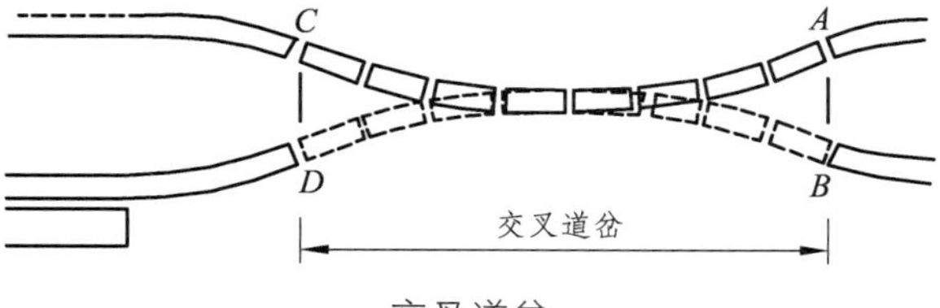

交叉道岔

图 2-51　跨坐式独轨道道岔的类型

任务四　轨道结构的几何形位

轨道结构的几何形位指的是轨道各部分的几何形状、相对位置和基本尺寸。轨道几何形位要素有轨距、水平、高低、方向和轨底坡。各种轨道几何形位都存在一定的偏差，但不得超过其容许值，称之为轨道几何尺寸的容许偏差。不同的线路容许偏差的大小也不一样。

一、轨　距

轨道由直线和曲线组成。直线部分的方向应保持平直，两股钢轨之间应保持一定的距离。轨距为两股钢轨头部内侧与轨道中线相垂直的距离。因为轨底坡的缘故，规定轨距应在钢轨头部内侧面下 16 mm 处量取。

我国城市轨道交通线路的直线地段轨距都采用 1 435 mm 的标准。

轨道交通车辆在曲线轨道上行驶时，由于车辆固定轴距的影响，转向架前一轮对的外轮轮缘和后一轮对的内轮轮缘紧贴钢轨，致使行车阻力增大，轮轨磨耗加剧，如图 2-52 所示。

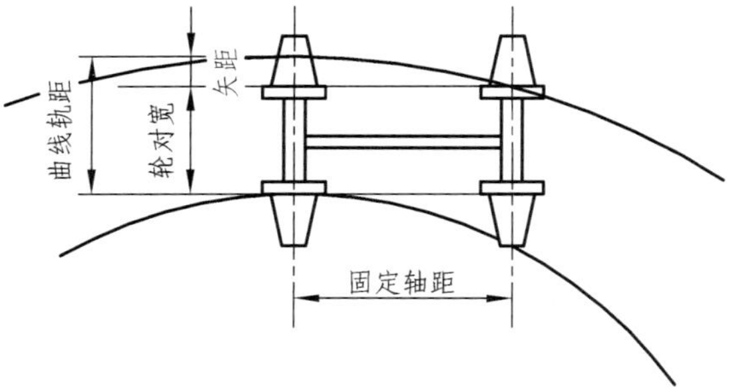

图 2-52　车辆通过曲线运行状况

为使轨道交通车辆能顺利通过曲线，半径等于及小于 200 m 曲线地段轨距要适当加宽。轨距加宽值应在缓和曲线长度范围内完成，无缓和曲线时在直线地段完成。递减率不宜大于 2‰，困难地段不应大于 3‰。曲线轨距加宽标准见表 2-3。

表 2-3　曲线轨距加宽表

曲线半径/m	加宽值/mm	
	B 型车	A 型车
250>R≥200	—	5
200>R≥150	5	10
150>R≥100	10	15

轨距用道尺或轨检车进行测量，前者测得的是静态的轨距，后者则可以测得列车通过时轨距的动态变化。

为使轨道交通车辆能顺利通过轨道，轨道的轨距必须略大于轮对宽度，有一定的游间，如图 2-53 所示。当轮对的一个车轮轮缘与钢轨贴紧时，另一车轮轮缘与钢轨之间的游间δ为：

$$\delta = S_0 - q$$

式中 S_0——轨距，mm；

q——轮对宽度，mm。

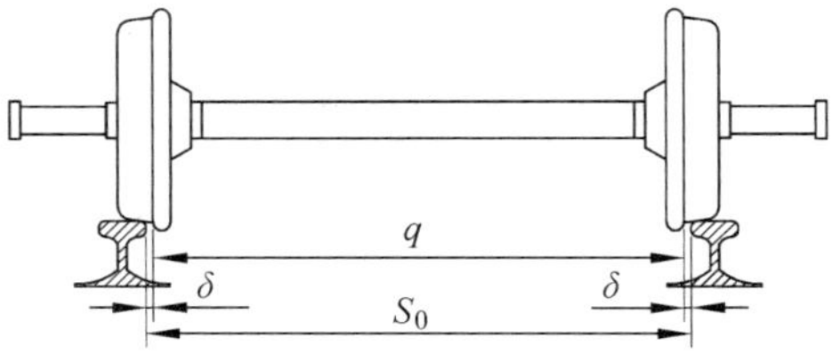

图 2-53　轮对和轨距关系

游间不能过大，否则会使车辆行驶时的蛇行运动的幅度加大，横向加速度、轮缘对钢轨的冲角及作用于钢轨上的横向力也随之增加。行车速度越高，这种影响越严重。游间亦不能过小，否则会增加行车阻力和轮轨磨耗，严重时轮对有可能被钢轨卡住。所以，为了提高行车的平稳性和减少轮轨之间的动力作用，应对游间加以限制。

验收线路时，线路轨距相对于标准容许一定的偏差，正线轨距容许误差通常为 +4 mm，－2 mm。

二、水　平

1. 直线地段

两股钢轨的顶面在直线地段应保持在同一水平面上，使两股钢轨受力均匀，并保证车辆平稳行驶。

水平也可用道尺或轨检车进行测量。验收线路时，其容许偏差为 4 mm。

有两种性质不同的钢轨水平误差，对行车的危害程度也不一样。第一种水平误差是在一段相当长的距离内，一股钢轨的轨顶较另一股为高，只是水平误差保持容许范围值内，反倒可使列车贴着一股钢轨而平稳地行驶。第二种称为三角坑或轨道扭曲，是指在一段不太长的距离内，先是左股钢轨高，后是右股钢轨高。轨道上存在三角坑会出现车轮不能全部正常压紧钢轨的现象，在最不利的情况下甚至可能爬上钢轨，引起脱轨事故。

2. 曲线外轨超高

轨道交通车辆在曲线轨道上运行时，产生了离心力，为了平衡这个离心力，需在曲线轨道上设置外轨超高，即把曲线外轨适当抬高，借助车辆重力的水平分力以平衡离心力，从而使内外两股钢轨受力均匀、垂直磨耗均等，使乘客不因离心加速度的存在而感到不舒适，以及提高线路横向稳定性，保证行车安全。

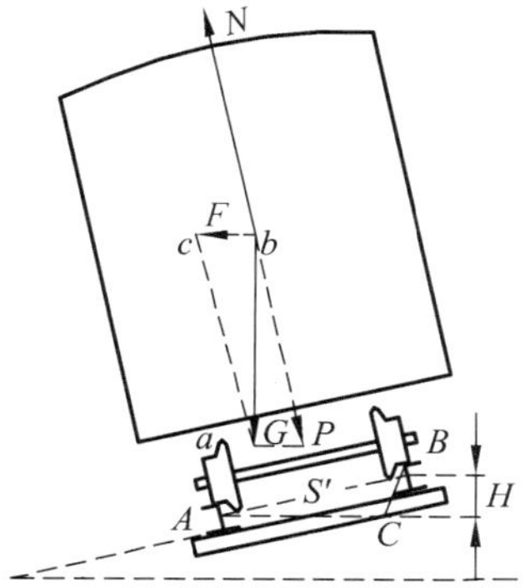

图 2-54　曲线外轨超高

设置外轨超高后，车辆向内侧倾斜，车辆所受的重力 G 可分解成两个分力，分力 P 与轨面的支持反力平衡，水平分力 F 在这里起向心力作用，列车在水平分力的作用下，不断改变运行方向沿曲线运行。F 的方向与线速度方向垂直，并沿着曲线半径指向圆心。

从物理学知道，列车在曲线上运行时需要的向心力为：

$$F = m\frac{v^2}{R} = \frac{Gv^2}{gR}$$

式中　F——向心力，N；

m——列车质量，kg；

G——列车重量，N。

v——列车在曲线上运行的速度，m/s；

g——自由落体加速度，9.8 m/s^2；

R——曲线半径，m。

列车沿曲线运行时需要的向心力（F）的大小，决定于列车重量（G）、列车在曲线上运行的速度（v），以及曲线半径（R）的大小。在这里的向心力即列车重量的水平分力，其大小决定于外轨超高值（H）。因此，只要外轨超高的高度选择恰当，车辆就能得到需要的向心力。从理论上分析，列车在曲线上运行时完全可以做到外轨与轮缘不接触，当然也就不会有磨损，乘客也不会感到自己有向曲线外侧倾压的不适感。实际上通过同一曲线的列车速度（或上、下行速度）都不同，而超高设置后又不能调节，因此，在实际运行中轮轨间的磨损只能减小而不可避免。

由图 2-54 可知，由于 $P \perp AB$、$G \perp AC$，则：

$$\Delta ABC \backsim \Delta abc$$

$$\tan\alpha = \frac{F}{G} \qquad \sin\alpha = \frac{H}{S'}$$

式中 H——曲线外轨抬高，mm；

S'——两钢轨中心间的距离，取 $S' = 1.5$ m。

因为 α 值很小，可以认为 $\tan\alpha = \sin\alpha$，则得：

$$\frac{F}{G} = \frac{H}{S'}$$

$$H = \frac{F \cdot S'}{G}$$

将向心力公式代入得：

$$H = \frac{Gv^2}{gR} \cdot \frac{S'}{G} = \frac{v^2 S'}{gR}$$

在实际工作中，列车行车速度的计算单位习惯用 km/h，并以通过该曲线各种列车平均速度 v_p 取值，则得：

$$H = \frac{\left(\frac{1\,000}{3\,600}\right)^2 \times 1.5 v_p^2}{9.8R} \times 1\,000$$

$$= 11.8 \frac{v_p^2}{R}$$

式中 H——曲线外轨超高，mm；

V_p——列车通过速度，km/h；

R——曲线半径，m。

由超高公式可知，超高值与曲线半径成反比，与列车速度的平方成正比。一条曲线半径是一定的，计算时按实际数字代入即可。而在曲线上运行的列车种类不同，所需要的超高值也各不相同，为适应各种列车运行需要，可采用平均速度计算。

外轨超高计算后，取 5 mm 的整倍数。城市轨道交通线路设置的最大超高不超过 120 mm。

由于列车在曲线上的运行速度与计算超高的平均速度不同，因此设置的外轨超高不能与列车运行速度完全适合。当实际速度大于平均速度时，实际超高显不足，有一个欠超高，反之称为过超高或余超高。未被平衡的欠超高越大，外轮轮缘与外轨产生磨耗越严重。为了保证列车运行安全、旅客舒适、减轻钢轨磨耗，必须对未被平衡的欠超高加以限制。未被平衡的欠超高不宜大于 61 mm，困难时不应大于 75 mm。而当列车实际速度小于 v_p 时，实设超高大于实际速度要求的超高，超高过高，有一个过超高 H_g（即未被平衡过超高）使乘客感觉不舒适，内轨磨耗加剧。过超高最大值建议不超过 30 mm。

有了按平均速度设置的超高（H）及未被平衡的允许欠超高（H_q），就可以根据超高公式求在 $H+H_q$ 条件下的列车通过曲线的最高允许速度 v_{max}：

$$v_{max}=\sqrt{(H+H_q)R/11.8}\ \text{(km/h)}$$

有了按平均速度设置的超高（H）及未被平衡允许的过超高值（H_g），就可以根据超高公式求在 $H-H_g$ 条件下列车通过曲线时的最低允许速度 v_{min}，即

$$v_{min}=\sqrt{(H-H_g)R/11.8}\ \text{(km/h)}$$

曲线超高值应在缓和曲线内递减，无缓和曲线时应在直线段递减。超高顺坡率不宜大于 2‰，困难地段不应大于 2.5‰。

城市轨道交通隧道内及 U 形结构的无砟道床地段曲线超高设置通常是内轨降低超高值的一半，外轨抬高超高值的一半。对地面及高架线路曲线超高的设置则是全部抬起外轨。

三、前后高低

轨道的纵向平顺情况称为前后高低。验收线路时，其容许偏差为 4 mm，如图 2-55 所示。

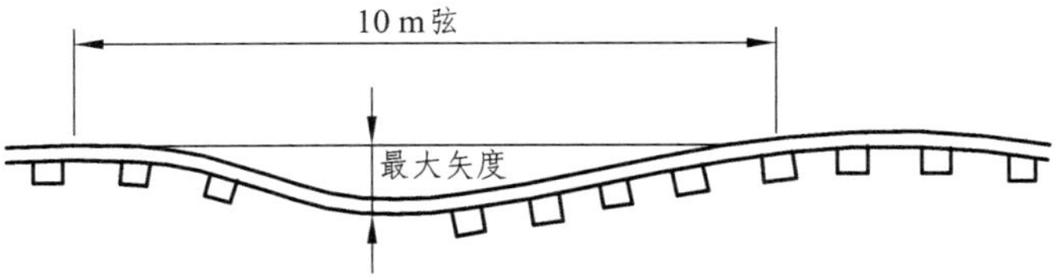

图 2-55　高低检测示意图

轨道的前后高低亦即轨面不平顺是由以下两种原因产生的：第一种是经过一段时间列车运行后，因道床的累积变形、路基不均下沉、三角坑和弹性不均匀等原因，使轨面出现高低不平，这种不平顺的长度较长，车轮沿不平顺的全长滚动；第二种是因钢轨的波形磨耗、接头焊缝及轨面擦伤等原因形成的轨面不平顺，当车轮通过这种不平顺时，车轮不触及不平顺的底部。

控制纵向不平顺的大小，对降低轮轨间的动力作用、减小对轨道的破坏是十分重要的。

四、方　向

方向又称轨向，指的是轨道中线位置应与其设计位置一致。

但在轨道交通车辆运行过程中，往往直线轨道不直，曲线轨道不圆顺：直线轨道由长度大约在 10 ~ 20 m 左右的波浪形“曲线”组成；曲线轨道不圆顺则表现在缓和曲线和圆曲线上的曲率发生变化，成为有很多不同曲率半径圆弧组成的复曲线，形成严重的方向不平顺，轨道方向不良，影响了行车的平稳和安全。在无缝线路地段，若轨道方向不良，到了高温季节时，在一定条件下还会引起胀轨跑道，严重威胁行车安全。

验收线路时，轨道方向的允许偏差亦为 4 mm。直线轨道上的误差是用 10 m 弦量得的偏离直线方向最大矢度；曲线轨道上的误差是用 20 m 弦量得的圆曲线或缓和曲线上的正矢与计算正矢之差，如图 2-56 所示。

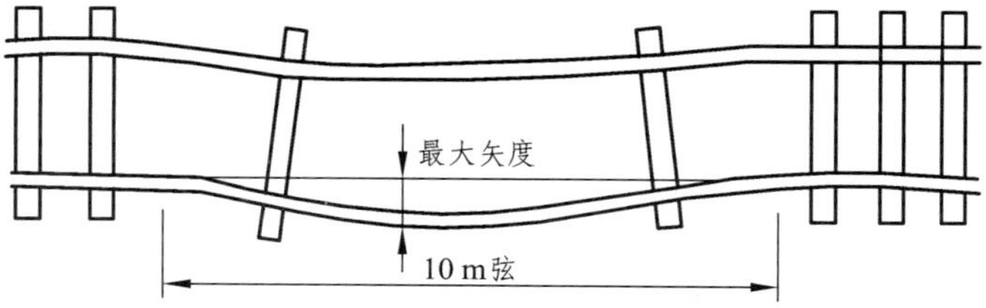

图 2-56　轨向检查示意图

通过起道可以调整线路两股钢轨水平、三角坑及轨道纵向高低超限；拨道可以调整轨距。

五、轨底坡

因车轮踏面的主要部分为 1∶20 的斜坡，为使钢轨顶面在有锥形踏面的车轮荷载作用下受力均匀，在直线上钢轨不应竖直铺设，而要适当地向内倾斜，这种内倾度称为轨底坡。

设置轨底坡可使车轮压力集中于钢轨的中轴线上，减小荷载偏心矩，降低轨腰应力，避免轨头与轨腰连接处发生纵裂。此外，车轮踏面的 1∶20 的部分能与轨顶面的中部接触，增加了轮轨间的接触面积，减小了接触应力和由此产生的塑性变形。在任何情况下，轨底坡不应大于 1∶30 或小于 1∶40。混凝土枕线路通常是将轨枕的承轨槽按轨底坡的规定做成斜面。

任务五　限　界

为保证列车在线路上的运行安全，防止车辆与沿线建筑物（设备）发生互相碰撞，而规定的轮廓尺寸线称为限界。限界分为车辆限界、设备限界、建筑限界。受电弓限界或受流器限界是车辆限界的组成部分，接触轨限界属于设备限界的辅助限界。

限界是确定城市轨道交通行车轨道周围有关构筑物的净空大小和各种设备、管线相互位置的依据，是设计和施工必须共同遵守的技术规定。例如，隧道的断面尺寸、桥梁的宽窄都是依据限界确定的。限界越大，安全度越高，但工程量和工程投资也随之增加。城市轨道交通限界应根据车辆尺寸、线路特性、安装施工精度等因素进行综合比较，确定一个既能保证运行安全，又不增加桥梁、隧道空间的经济合理的断面，这是城市轨道交通工程限界设计的目的。

一、车辆限界

车辆限界是车辆在直线地段正常运行状态下形成的最大动态包络线。所谓正常运行状态，是指车辆一系悬挂和二系悬挂在正常弹性范围内、易损件磨耗不过限等。直线地段车辆限界分为隧道内车辆限界和高架或地面线车辆限界，高架或地面线车辆限界应在隧道内车辆限界的基础上，另加当地最大风荷载引起的横向和竖向偏移量。

车辆限界是车辆的制造、安装及工程列车上所装载的施工料具不得向建筑物方向超出的安全警戒线。车轮在线路上运行时，以线路中心线为基准，绘制车辆各部最外各点的静态轮廓线，并考虑其有可能发生的变化和震动，形成动态轮廓线，再结合轨道的几何偏差所引起的车辆位移来确定车辆限界。

二、设备限界

设备限界是用以限制设备安装的控制线。

（1）直线地段设备限界是在直线地段车辆限界外扩大一定安装间隙后形成；车体肩部横向向外扩大 100 mm，边梁下端横向向外扩大 30 mm，接触轨横向向外扩大 185 mm，车体竖向加高 60 mm，受电弓竖向加高 50 mm，车下悬挂物下降 50 mm。

转向架最低点设备限界离轨顶面净距：A 型车为 25 mm，B 型车为 15 mm。

（2）曲线地段设备限界应在直线地段设备限界的基础上，按平面曲线不同半径、过超高或欠超高引起的横向和竖向偏移量，以及车辆、轨道参数等因素计算确定。

相邻的双线，当两线间无墙、柱及其他设备时，两设备限界之间的安全间隙不得小于 100 mm。

表 2-4　城市轨道交通各型车辆的基本参数　　单位：mm

<table>
<tr><td rowspan="3">车型
参数</td><td colspan="2" rowspan="3">A 型</td><td colspan="3">B 型</td></tr>
<tr><td colspan="2">B_1 型</td><td rowspan="2">B_2 型</td></tr>
<tr><td>上部授流</td><td>下部授流</td></tr>
<tr><td>计算车体长度</td><td colspan="2">22 100</td><td colspan="3">19 000</td></tr>
<tr><td>计算车体宽度</td><td colspan="2">3 000</td><td colspan="3">2 800</td></tr>
<tr><td>计算车辆高度</td><td colspan="2">3 800</td><td colspan="3">3 800</td></tr>
<tr><td>计算车辆定距</td><td colspan="2">15 700</td><td colspan="3">12 600</td></tr>
<tr><td>计算转向架固定轴距</td><td colspan="2">2 500</td><td colspan="3">2 200/2 300</td></tr>
<tr><td>地板面距走行轨面高度</td><td colspan="2">1 130</td><td colspan="3">1100</td></tr>
<tr><td>受流器工作点至转向架中心线水平距离</td><td>750v
1 500v</td><td>—</td><td>1418</td><td>1 401
1 470</td><td>—</td></tr>
<tr><td>受流器工作面距走行轨面高度</td><td>750v
1 500v</td><td>—</td><td>140</td><td>160
200</td><td>—</td></tr>
<tr><td>接触轨防护罩内侧至接触轨中心线距离</td><td>750v
1 500v</td><td>—</td><td></td><td>≤86
≤86</td><td>—</td></tr>
<tr><td colspan="6">注：本表供限界设计使用</td></tr>
</table>

地面固定设备（包括各种电缆线、消防水管及消防栓、动力箱、信号箱及信号灯、照明灯、扩音器、通风管、架空线及其固定设备、接触轨及其固定设备等）的任意部分均不得侵入此限界。

三、建筑限界

建筑限界是指沿线一切建筑物的外轮廓严禁向车辆运行空间侵入的安全警戒线。

建筑限界是在设备限界的基础上，考虑了设备和管线尺寸后的最小有效断面。在宽度方向上设备和设备限界之间应留出 20 ~ 50 mm 的安全间隙。当建筑限界侧面和顶面没有设备或管道时，建筑限界和设备限界之间的间隙不宜小于 200 mm；困难条件下不得小于 100 mm。

建筑限界分为矩形隧道建筑限界、马蹄形隧道建筑限界、圆形隧道建筑限界、高架线及地面线建筑限界、车辆段车场线建筑限界，分别如图 2-59 至图 2-62 所示。

各建筑限界均应按相关公式计算确定。

当区间设置疏散平台时，疏散平台最小宽度应符合相关标准。

车辆段库外限界按区间限界规定执行。库内检修平台的高平台及安全栅栏与车辆轮廓线之间应留有 80 mm 的安全空隙，低平台应采用车站站台建筑限界。

曲线地段限界还应在直线地段限界的基础上计算加宽。

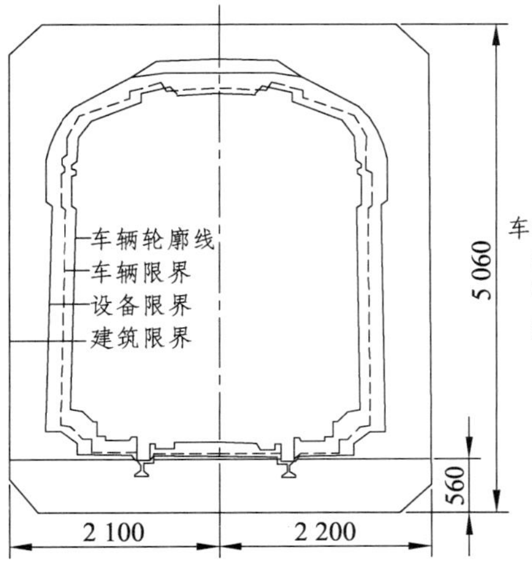

图 2-57　区间直线区段矩形隧道限界图

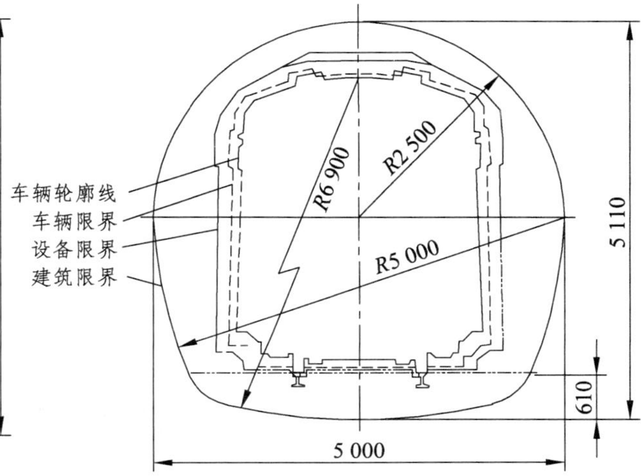

图 2-58　区间直线区段马蹄形隧道限界图

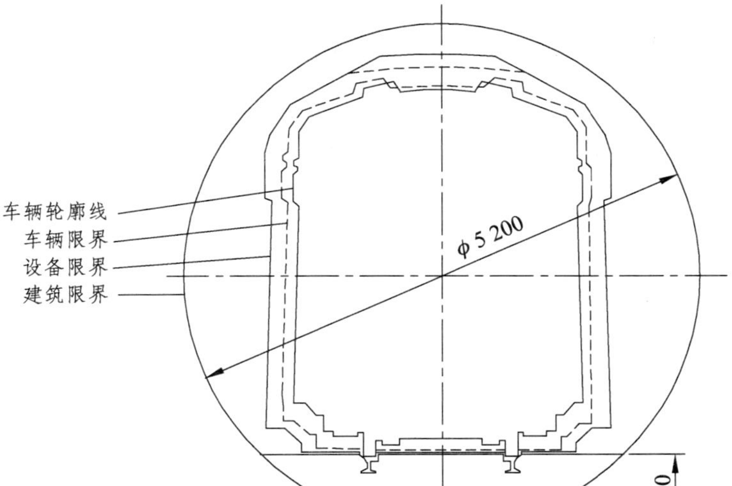

图 2-59　区间直线区段圆形隧道限界图

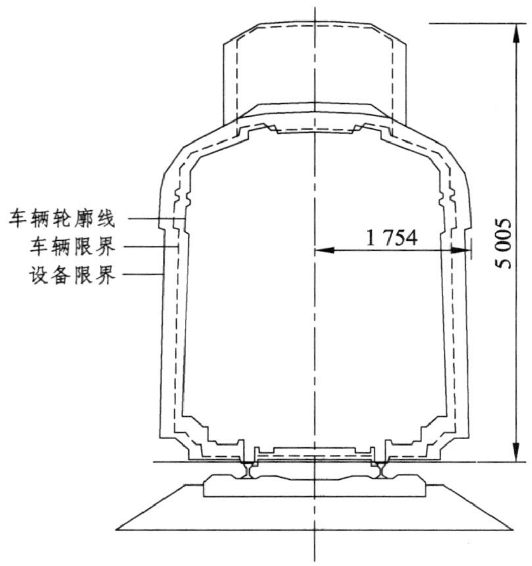

图 2-60　区间直线区段地面、高架限界图

任务六　线路维修及无缝线路

城市轨道交通线路维修工作的基本任务是经常保持线路设备完整和质量均衡，使列车能以规定速度安全、平稳和不间断地运行，并尽量延长设备的使用寿命。

为减少线路接头，延长线路设备、列车的使用寿命，保证乘客乘车舒适，城市轨道交通线路常铺设无缝线路。

一、线路维修

线路维修工作必须掌握线路设备技术状态变化规律，应贯彻“预防为主，防治结合，修养并重”的原则。在线路维修工作中，应按线路设备技术状态各种变化的不同程度，相应进行综合维修、经常保养和临时补修，有效地预防和政治线路病害，有计划地补偿线路设备损耗，以取得较好的技术经济效益。

线路维修工作应实行科学管理，开展标准化作业，提高机械化程度，改善检测手段，建立和健全责任制，严格执行检查验收制度。要积极采用新技术、提高机械化作业程度，总结推广先进经验，改革作业方法和劳动组织，不断提高线路维修工作水平。

根据作业的内容、技术难度和规模，线路维修可以划分为日常维修和养护、专项维修、大修三个修程。

1. 日常维修和养护

日常维修和养护应根据线路变化规律和特点，在全年度和线路全长范围内进行有计划、有重点地养护和维修，以保持线路经常处于均衡状态。日常维修和养护的工作范围主要包括经常性或预防性的养护和失效零部件部分的维修等内容，避免损坏扩大而造成更大的损失，使设施保持完好均衡的技术状态。其主要特点有：量多面广、零星分散、项目技术简单、用工量较少、修复费用较小。

2. 专项维修

专项维修是巡检、定期检查或申请保修过程中发现的异常的、严重的病害经过鉴定应进行的单项维修或几个单项维修的联合作业。专项维修项目与专项检查项目相对应，是需要进行局部维修或者是突发的、异常紧迫的危及运营安全的抢修。专项维修应根据线路变化规律和特点，以全面改善轨道弹性、调整轨道几何尺寸和更换、整修失效零部件为重点，依据线路状态的日常检查评定结果进行维修，保证线路始终处于完好技术状态。专项维修应严格按规定的作业方法和公益流程进行。其主要特点有：工地较集中、项目较小、工程量较大、时间较紧。

3. 大　修

城市轨道交通线路大修的主要任务是根据运输需要及线路设备损耗规律，周期性地、有计划地对损耗部分进行更新和修理，以恢复和提高设备强度，延长设备使用寿命，增强轨道承载能力。大修应贯彻“运营条件匹配，轨道结构等强，修理周期合理，线路质量均衡”的原则，坚持全面规划、适度超前、区段配套的方针。其主要特点有：项目齐全、工程量大、一次费用较大且整体性强，经过大修及更新改造后的线路轨道设施整体必须符合基本完好标准要求。表 2-5 以钢轨为例，列出了某城市轨道交通各修程的内容。

表 2-5　某城市轨道交通轨道钢轨检修规程的部分内容

修程	主要内容	周期
日常养护	1. 检查正线钢轨表面是否有伤、掉块及裂纹	每两月
	2. 检查正线钢轨有无折断并做好记录	
	3. 检查基地钢轨表面是否有伤、掉块及裂纹	每半年
	4. 检查基地钢轨有无折断并做好记录	
	5. 正线钢轨常规探伤	每年八遍
	6. 基地钢轨常规探伤	每年两遍
	7. 钢轨焊缝接头探伤	

续表

修程	主要内容	周期
日常养护	8. 整治接头错牙	每季度
	9. 有缝线路检查两钢轨接头的对接情况及相错量	
	10. 对发现的轻伤及有发展的伤轨进行观察	每两日
	11. 对发现的疑点及时进行探伤确认并做好记录	根据设备损耗情况确定
	12. 临时处理伤损钢轨	
专项维修	1. 利用打磨车对钢轨进行打磨	根据设备损耗情况确定
	2. 处理钢轨的窜动、爬行情况	
	3. 对钢轨飞边、接头突出进行打磨	每年
	4. 对钢轨硬弯进行处理	
	5. 调查及调整轨缝	每半年
大修	1. 成段更换伤损钢轨	根据设备损耗情况确定
	2. 全面调整轨缝	

二、无缝线路

普通线路上的钢轨接头是轨道结构的薄弱环节之一，其受损不仅对线路设备、列车的使用寿命、乘客的舒适等有不良影响，还直接威胁行车安全。为减少接头，把许多根普通标准钢轨焊接起来形成的长钢轨线路称为无缝线路。

1. 无缝线路的组成

无缝线路常常由一对长轨及两端各 2～4 对标准轨组成，包括固定区、伸缩区和缓冲区，如图 2-61 所示。

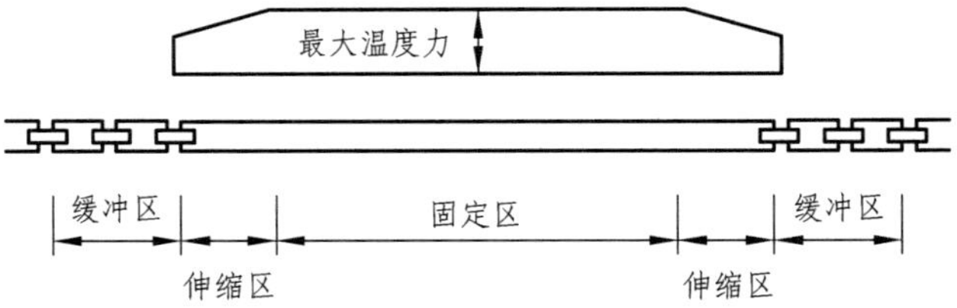

图 2-61　无缝线路组成

长钢轨中部，钢轨的自由伸缩已全部被扣件阻力和道床阻力及防爬设备所约束，不能随轨温变化而伸缩，称为无缝线路的固定区或稳定区。长钢轨两端，钢轨受到的扣件阻力和道床阻力是逐渐增大的，温度力是逐渐被克服的，因此接头处钢轨会有部分伸缩，称为无缝线路的伸缩区或呼吸区。为防止长钢轨的胀轨跑道和便于养护维修，在允许的设计锁定轨温范围内，将无缝线路全长的扣件、防爬设备全部松开，使积存在钢轨内部的温度力全部放散，这是设缓冲区的目的。

2. 无缝线路的基本原理

一根不受限制、可以自由伸缩的钢轨，当轨温发生变化时，其自由伸缩量为：

$$\Delta L = \alpha \cdot L \cdot \Delta t \ \ (\text{mm})$$

式中 α——钢轨的线膨胀系数，取 α = 0.000 011 8 m/（m・℃）；

L——钢轨长度，m；

Δt——轨温变化值，°C。

由上式可知，轨温变化将直接影响无缝线路钢轨的伸缩、轨道的稳定。因此，修建无缝线路主要解决的问题，就是如何限制钢轨的自由伸缩。

如果钢轨两端被固定住，不能自由伸缩，那么随着轨温的变化，钢轨内部就有了力，这个力是由轨温变化引起的，叫作温度力。夏季轨温升高，钢轨受温度压力；冬季轨温降低，钢轨受温度拉力。钢轨内产生的温度力 F 可按下式计算：

$$F = 248\Delta t \cdot A \ (\text{N})$$

式中 A——钢轨断面积，cm^2。

从上式可知，钢轨内部的温度力仅与轨温变化幅度和钢轨断面积成正比，而与钢轨长度无关。根据这个理论，无缝线路可以铺设得很长。但在实际工作中，还应考虑施工、养护维修等技术条件。

3. 无缝线路的分类

按处理无缝线路钢轨内部温度应力方式的不同，无缝线路分为温度应力式和放散温度应力式两种。温度应力式无缝线路是把焊接长钢轨铺设在线路上，拧紧扣件锁定后，长钢轨不能因轨温变化而自由伸缩，而在钢轨内部产生温度应力。这种无缝线路结构简单，铺设维修方便。放散温度应力式无缝线路又分为自动放散温度应力式和定期放散温度应力式。定期放散温度应力式无缝线路要求每年春、秋两季在适当的轨温条件下，拧开扣件放散应力，然后再重新锁定。这种无缝线路结构与温度应力式相同，但两次应力放散导致封锁线路施工较麻烦，一般用于年轨温差较大的严寒地区。

城市轨道交通高架线路常采用放散应力式无缝线路，即对钢轨不完全锁定，在长轨条两端钢轨伸缩调节器，当轨温发生变化时钢轨内应力随钢轨的伸缩而得到一定量的释放，使长钢轨在温度力作用下进行一定量的伸缩，既保证了轨道的稳定性，又保证了最低轨温下轨缝不超过允许值。

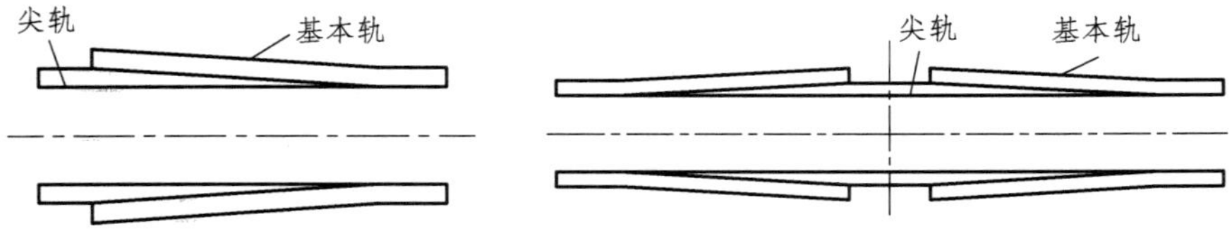

（a）单向钢轨伸缩调节器　　（b）双向钢轨伸缩调节器

图 2-62　钢轨伸缩调节器结构图

4. 无缝线路的锁定轨温

无缝线路用强力扣件和防爬设备将钢轨扣紧在轨枕上，称为锁定线路。锁定线路时的轨温称为锁定轨温，此时，钢轨内的纵向应力应为零。

选择无缝线路的锁定轨温是一件十分重要的工作，若锁定轨温偏高，冬季产生的温度拉力大，易造成钢轨折断；反之，若锁定轨温偏低，夏季产生的温度压力大，又易使线路胀轨跑道，给行车带来危害。

在设计无缝线路时，为保证安全，应从强度和稳定条件来计算确定一个锁定轨温，称为设计锁定轨温。根据多年来铺设无缝线路的经验，在实际铺设时，无缝线路的锁定轨温一般取稍高于当地历年最高轨温与最低轨温的中间值。

根据无缝线路的特点，对无缝线路的养护维修应重点保持足够的道床横向阻力，加强防爬锁定，提高线路纵向阻力，即横不移、纵不爬；保持线路有良好的方向以防无缝线路胀轨跑道。

复习思考题

1. 城市轨道交通高架桥的梁部结构与墩台分别有哪几种形式？
2. 城市轨道交通线路隧道的施工方式有哪几种？分别适用于什么地段？
3. 何谓路基？路基的作用是什么？
4. 画出路堤式路基横断面示意图，并标出各部分名称。
5. 轨道的作用是什么？由哪几部分组成？
6. 什么是车挡？有哪些种类？
7. 何谓道岔？道岔的作用是什么？常见道岔有哪几种？
8. 绘出钢轨作用边表示的单开道岔示意图，并在其上标注各组成部分及主要部件的名称。
9. 何谓有害空间？
10. 何谓道岔号数？它与行车速度有什么关系？

11. 何谓轨距？我国城市轨道交通线路轨距标准是如何规定的？

12. 何谓水平？我国城市轨道交通线路水平标准是如何规定的？

13. 何谓高低？何谓轨向？何谓轨底坡？

14. 城市轨道交通限界有哪几种？

15. 城市轨道交通线路维修的目的与修程是什么？

16. 什么是无缝线路？无缝线路有哪些优越性？

项目三 城市轨道交通车站

车站是城市轨道交通的重要组成部分，是站线、站台、站房等的总称。车站的选址、布置、规模等不仅影响运营效益，而且影响城市文明建设和市容观瞻。车站除承担行车技术作业外，还是为乘客服务的重要窗口。车站建设不仅要满足运营及为乘客提供高质量服务的要求，而且在工程造价要求合理的前提下还要与城市建设相协调。车站往往又是连接其他交通的枢纽，交通的方便必然促进城市的发展。

任务一　车站概述

一、城市轨道交通车站设计原则

车站的总体布局应符合城市规划、城市综合交通规划、环境保护和城市景观的要求，并应处理好与地面建筑、城市道路、地下管线、地下构筑物及施工时交通组织的关系。

（1）最大程度吸引客流，要求设置位置合适、设备完善、服务水平高。

（2）按远期运量需求设计，一般指通车后 10～15 年的高峰小时客流量作为设计客运需求量。个别车站可按极限运量需求（如体育场馆、火车站、广场等可能产生阵发性密集到发客流交通集散点附近）来设计。

（3）预留适当的能力余地，满足高峰时段密集到达（出发）需要，即超高峰时段的需要，并能应付远期运量波动的需要。

（4）最低程度占用地面面积，尽可能降低投资费用，满足施工条件限制（如能放地面，则不设在地下，车站设计以实用高效为主、装饰功能为辅等）。

（5）需采用多方案比选后确定较优方案。

车站一般宜设在直线段上。

二、城市轨道交通车站分类

1. 按空间位置分类

车站按空间位置不同分为地下车站、地面车站和高架车站，如图 3-1 所示。地下车站位于地面以下，一般由地面出入口、中间站厅、地下站台三个主要部分组成。地面车站位于地面（包括路堤和路堑），其出入口、站厅、站台都设在地面。高架车站位于高架桥上，一般由地面出入口、高架站厅或地面站厅、高架站台三个主要部分组成。

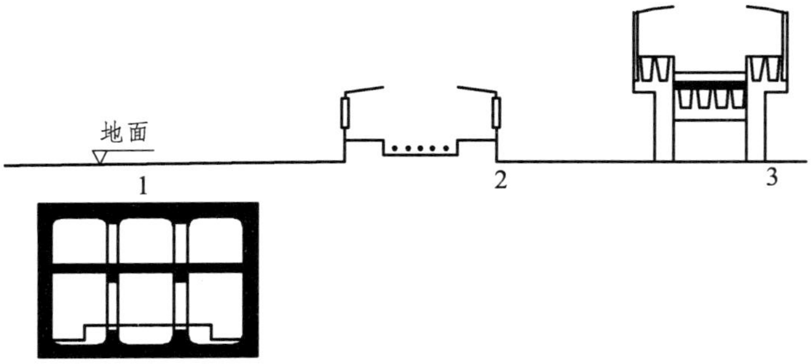

图 3-1　地下车站、地面车站、高架车站

2. 按规模分类

车站规模主要指车站外形尺寸、层数及站房面积的大小，是根据车站设计客流量、所处位置的重要性、站内设备和管理用房面积总和确定的，其中最主要的是客流量，一般可以参照日均客流量和高峰小时客流量的总和来确定。按车站规模不同可分成三个等级，即一等站、二等站、三等站。在客流量特别大且有特殊要求的车站，其规模等级可列为特等站。

3. 按运营特点分类

按运营特点不同，车站可分为终点站、中间站、折返站、换乘站、分歧站、越行站。如图 3-2 所示。

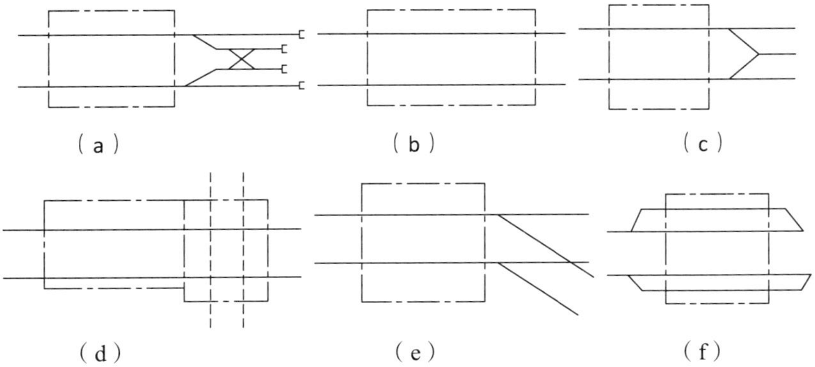

图 3-2　车站示意图

（1）终点站

终点站是线路两端端点车站，除了供乘客上、下车外，还用于列车折返及停留，因此终点站一般设有折返线及停车线。如果线路需要延长，则终点站变成折返站。

（2）中间站

中间站仅供乘客上、下车用，功能单一，是城市轨道交通路网中数量最多的基本站型。

（3）折返站

折返站又称区域站，是设在线路中间可供列车折返、开行区间列车的车站。站内有折返线和设备，折返站兼有中间站的功能。

折返站根据使用情况，可分为功能折返站和运转折返站。运转折返站的功能除乘降和服务外，按照列车运行图固定地开行部分折返列车。功能折返站平时作为一般的中间站，只有在特殊情况下才应急折返、存车。

（4）换乘站

换乘站是两条或两条以上城市轨道交通线交叉点上设置的车站。它除了具有中间站的功能外，更主要的是它还可以让乘客从一条线上的车站通过换乘设施转换到另一条线路上的车站。

（5）分歧站

分歧站也称接轨站，位于城市轨道交通线路分岔的地方，可以接发两个及以上方向的列车。对于 Y 形线路，其中一条是主线，另一条是支线，要在分歧站分出。

（6）越行站

越行站是站内除正线之外设置站线的车站，以实现列车越行功能的车站。城市轨道交通一般线路都没有越行站，只有开行一站直达或大站车需要越行的线路才设越行站。

4. 按是否具有站控功能分类

按是否具有站控功能，车站分为集中站和非集中站。集中站通常为有道岔的车站，具有站控功能，集中站行车值班员，除可监控集中站管辖线路上的列车运行，还有联锁等设备。非集中站通常为无道岔车站。

此外，按车站结构横断面形式不同可分为矩形断面、拱形断面、圆形断面、马蹄形断面；按车站的层数不同可分为单层、双层和多层；按车站结构的跨数不同可分为单跨、双跨和多跨；按车站站台形式不同可分为岛式、侧式和岛侧混合式。图 3-3 所示为北京地铁西单车站的三拱两柱双层结构岛式车站。

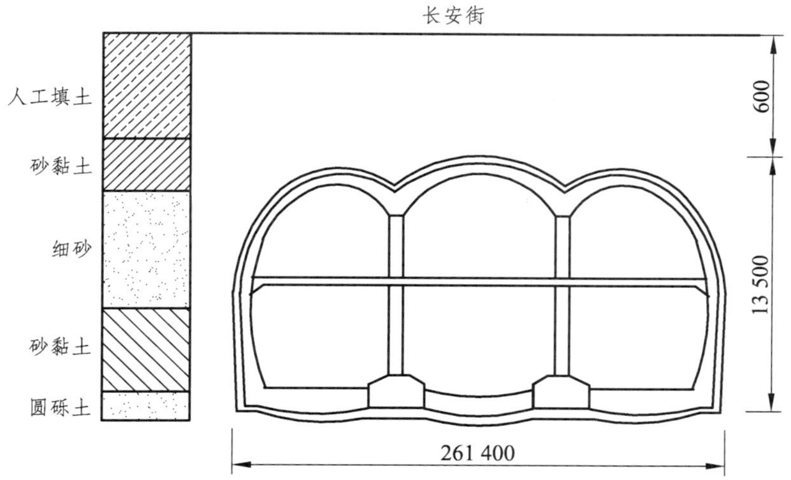

图 3-3　北京地铁西单车站

三、影响车站分布的因素

1. 城市规模

城市规模包括城市建成区和规划区域的面积及人口。城区面积大，人口多，线路上客流量大、乘距长时，城市轨道交通应以长距离乘客为主要服务对象，车站分布宜稀疏一些，以提高城市轨道交通的运营速度。反之，车站宜密集一些。

2. 大型客流集散点

大型客流集散点往往是城市的政治、经济活动中心，是城市的窗口地段，包括工业区、商业区、火车站、机场、广场、公共交通总站等特大型及大型客流集散点。该地段不但客流量大，而且客流集中，对地面交通压力很大。

3. 城区人口密度

人口密度大，则同样吸引范围内发生的交通客流量也大，因此车站车站分布宜密集一些。

4. 线路长度

不同的线路长度，车站的疏密宜有所不同，短线路车站宜密一些，长线路车站宜疏一些。

5. 城市地貌及建筑布局

城市中的江、河、湖、山和铁路站场、仓库区等，人口密度低甚至无人，城市轨道交通在穿越这些地区时可以不设站。

6. 城市轨道交通路网及城市道路网状况

两条城市轨道交通线路交叉时，在其交叉点应设换乘站；在与城市主干道交叉时，为了让乘客方便乘坐，也宜设车站。

7. 车站分布对市民出行时间的影响

车站数目的多少，直接影响市民乘轨道交通的出行时间。车站多，市民步行到车站距离短，节省步行时间，可以增加短乘客的吸引量；车站少，提高了旅行速度，减少乘客在车内的时间，可以增加线路两端乘客的吸引量。

综上所述，城市轨道交通的合理站间距离一般为 1 ~ 2 km，市区小一些，郊区大一些。超长线路的车站间距可适当加大（例如地铁快线一般来说线路较长，可达 50 km，设站少，站间距较大，最大站间距可超过 5 km）。

任务二　城市轨道交通车站的组成

城市轨道交通车站是供乘客上下车和换乘、候车的场所，包括供乘客使用、运营管理、安装技术设备和提供生活辅助设施和服务的场所等组成部分，如图 3-4 所示。其中，供乘客使用的部分主要有出入口和站厅、站台及乘降设备等。无论是车站运营管理还是车站设备配备，都应以满足乘客出行需求为基本条件。

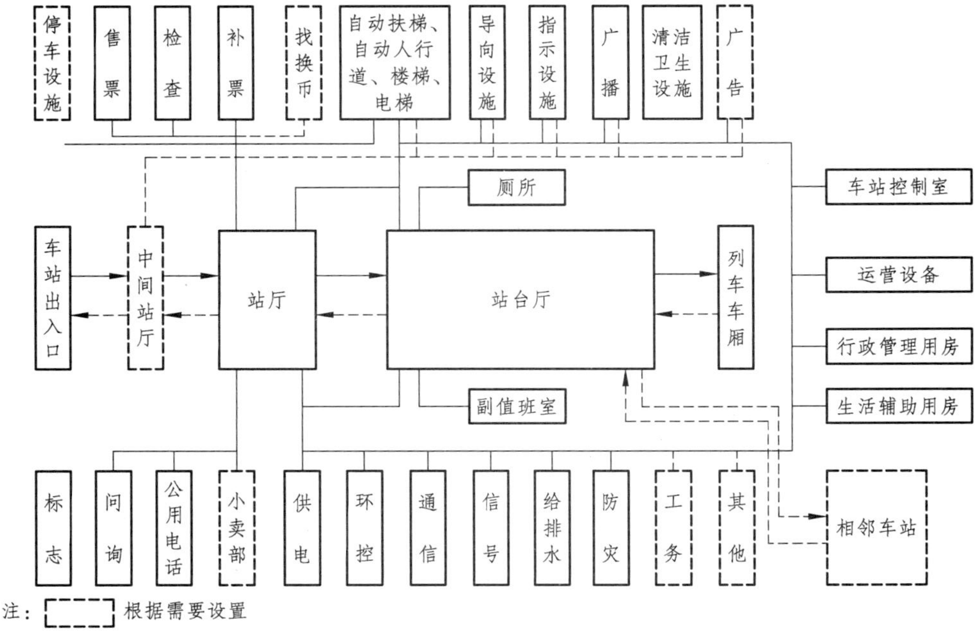

图 3-4　车站的组成

一、出入口

出入口是车站的门户，是客流集疏的第一通道。应尽量设于地面交通车站、停车场附近，形成较佳的换乘组合。尽量与地面建筑结合，既可设在地面建筑物内（如商场、公寓的底层、门厅等），也可独立设置，但需与周围景观协调（如建筑风格、色彩、位置），通常可设在人行道、街心花园、绿化带中，当然，最重要的是能保证高峰时段客流通畅、乘客进出方便。

车站出入口的数量应根据吸引和疏解客流的要求设置，每个公共区直通地面的出入口不得少于 2 个。每个出入口的宽度应按远期或客流控制期分向设计，以客流量乘以 1.1 ~ 1.25 不均匀系数计算确定，一般不少于 2.5 m。

出入口布置方式有“L”型、“T”型、“一”型，见图 3-5（a）。

地下车站的出入口通道可以兼作人行过街设施，见图 3-5（b）。

（a）出入口布置方式示意图　　（b）出入口兼作人行过街设施布置示意图

图 3-5　出入口布置示意图

地下车站出入口、消防专用出入口和无障碍电梯的地面标高，应高出室外地面 300 ~ 450 mm，并应满足当地防洪要求。

图 3-6　出入口布置

二、站　厅

站厅的作用是集疏客流，将进站的乘客迅速、安全、方便地引导到站台乘车或使下车的乘客迅速离开车站。对乘客来说，站厅是上下车的过渡空间。乘客在站厅要办理上下车的手续，因此，站厅内要设置检售票及问询服务，根据需要还可设银行、公用电话、小卖部等设施。

站厅规模大小、建筑特征要根据城市规划与交通的要求并与地面建筑相协调，又要各具特色。车站所在地特色的主要表现，可采用适当的壁画、雕塑、广告等来表现。站厅的面积应充分满足列车同时到达，乘客密集到发时客流移动、集散、检售票的需求。

站厅通常划分为付费区及非付费区两大区域。付费区是指乘客要经购票、检票后方可进入的区域；非付费区也称为免费区或者公用区，乘客可以在本区内自由通行。付费区与非付费区之间通常以闸机位置分隔。对于一般车站来说，通常非付费区的面积应略大于付费区。

图 3-7　站厅布置

站厅的设置与车站类型、站台形式及布置关系密切，站厅有以下设置方式。

1. 位于车站上层

常用于地下车站，客流量很大的车站多采用这种形式。

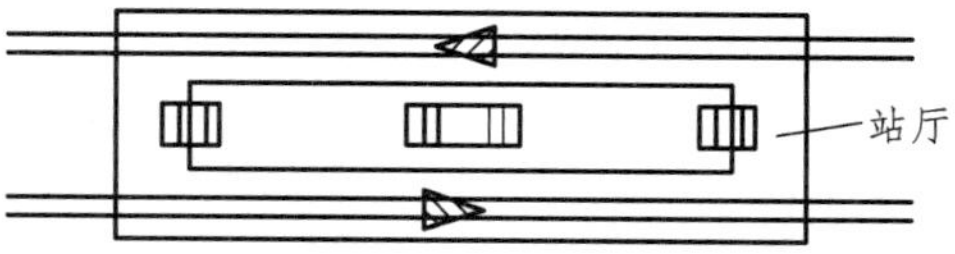

图 3-8　集中布置站厅示意图

2. 位于车站两端的上层或下层

常用于地下车站站台的上层，高架车站站台的下层。

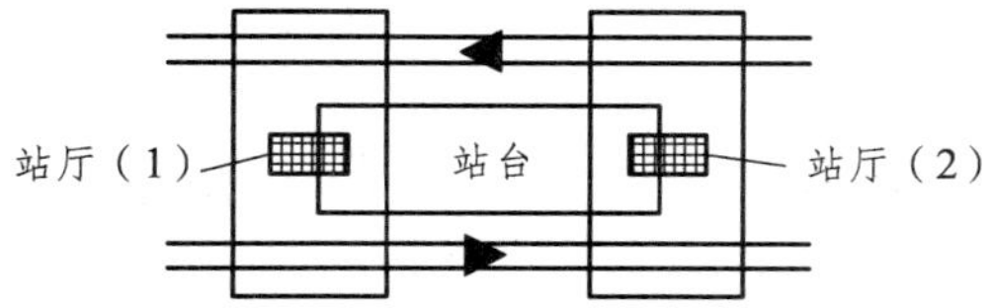

图 3-9　站厅在站台两端布置方式示意图

3. 位于车站一端

常用于终点站，且车站一端靠近城市主要道路的地面车站。

4. 位于车站两侧

用于侧式车站，一般用于客流量不大的车站。

三、站　台

站台供列车停靠、乘客乘降及候车，主要由站台与线路（股道）、乘降设备及站内用房等组成。

1. 站台的类型

（1）岛式站台：站台位于上下行线路之间，如图 3-10（a）所示。
（2）侧式站台：站台分别位于线路两侧，如图 3-10（b）所示。
（3）混合式站台：既有岛式站台，又有侧式站台的组合，如图 3-10（c）所示。

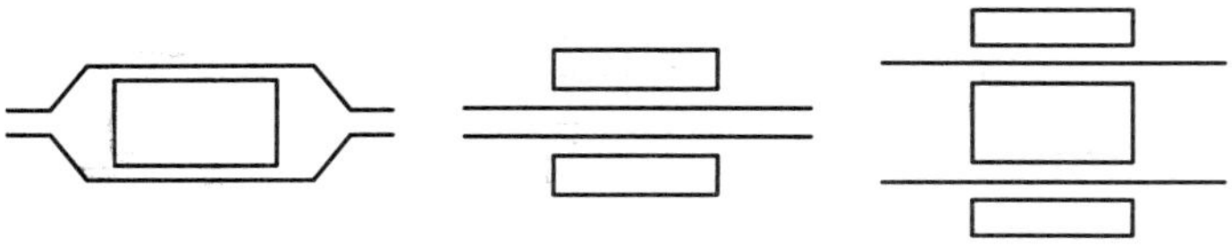
（a）岛式站台　（b）侧式站台　（c）混合式站台
图 3-10　车站站台形式分类图

2. 岛式站台与侧式站台的比较

岛式站台的优点：站台面积可以得到充分利用，有效利用率高；管理集中；工作人员生产效率高；乘客换乘方便；车站结构紧凑；设备使用率高。

岛式站台的不足：在明挖式施工时车站两端线路可能产生喇叭口，运行状态差（进出站曲线）；当区间隧道双线集中布置时，横向扩展余地差；双向乘客上下车对流干扰大。

侧式站台的优缺点与岛式站台方式正好互补。

3. 站台长度

站台计算长度为列车最大编组数的有效长度与停车误差之和，其中：

列车有效长度：无站台门为列车首末两节车辆司机室门外侧之间的长度，有站台门为列车首末两节车辆尽端客室门外侧之间的长度。

停车误差：无站台门 1 ~ 2 m，有站台门 ± 0.3 m。

地下站台的长度一旦建成，基本无延长改建的可能，因此，在预测确定远期客流量后，需充分考虑足够的列车编组辆数，来保证较大的运输能力。但是，城市轨道交通列车运行的间隔较短，速度较快，机动性要求较高，因此，列车的编组辆数又不可能很大，需确定一个合理的编组数。

4. 站台宽度

站台宽度应满足高峰时段客流候车、集散的需要。站台总宽度由站台乘降区计算宽度、柱宽、楼梯宽度、自动扶梯宽度及站台安全防护宽度（一般取 0.4 m）组成。

站台乘降区计算宽度根据高峰时段候车人数计算所需候车面积计算而得。

（1）高峰时段候车人数计算所需候车面积 F

$$F = Q \times a$$

式中　Q——高峰时段同时到达站台候车的乘客数；

　　a——站台上人流密度，一般取 0.33 ~ 0.75 m^2/人。

（2）根据站台计算长度及站台有效面积求单侧站台宽度

$$b_{单} = F / L_{计}$$

式中　$b_{单}$——一个方向列车候车乘客所需站台宽度；m；

　　$L_{计}$——站台计算长度，

（3）站台总宽度计算

侧式站台总宽度计算：

$$B_{侧} = b_{单} + b_0$$

式中　$B_{侧}$——侧式站台总宽度；m；

　　b_0——柱宽、楼梯宽度、自动扶梯宽度及站台安全防护宽度之和。

岛式站台总宽度计算：

$$B_{侧} = 2 \times b_{单} + b_0$$

（4）站台宽度确定

《地铁设计规范》（GB 50157—2013）规定了单个站台的最小宽度，见表 3-1。

表 3-1　车站站台的最小宽度　　　　单位：m

名　称		最小宽度
岛式站台		8.0
岛式站台的侧站台		2.5
侧式站台（长向范围内设梯）的侧站台		2.5
侧式站台（垂直于侧站台开通道口设梯）的侧站台		3.5
站台计算长度不超过 100 m，且楼扶梯不伸入站台计算长度	岛式站台	6.0
	侧式站台	4.0

由于各站计算出的 B 值不一，因此，站台宽度各不相同，为设计、建设及运行方便，一般确定为 n 个等级宽度标准，如一等站统一为 14 ~ 15 m，二等站 10 ~ 12 m，三等站 8 ~ 10 m 等。

5. 站台高度

站台高度指站台到轨顶面的高度，与车型有关。站台面应低于车辆地板面，高差不得大于 50 mm。

6. 站台边缘与静止车辆车门的安全间隙

在直线地段宜为 70 mm（内藏门或外挂门）或 100 mm（塞拉门）；在曲线段，应在直线段规定值的基础上加不大于 80 mm 的放宽值，实际尺寸应满足限界安装公差要求。

四、车站乘降设备

为保证车站出入口、中间站厅、站台之间乘客垂直移动的便捷舒适和安全可靠，车站必须设置楼梯、自动扶梯等乘降设备。

1. 楼　梯

楼梯是最简单易建的乘降设备，投资低，施工简单，管理方便，但易造成人流交叉干扰、乘客不方便。

乘客使用的楼梯宜采用 26°34′倾角，单向通行时宽度不小于 1.8 m，双向通行时宽度不小于 2.4 m。当宽度大于 3.6 m 时，应设置中间扶手，如图 3-11 所示。当通道台阶数量多时，可分梯段设置休息平台，每个梯段不应超过 18 级，休息平台 1.2 ~ 1.8 m。

一般在站台宽度允许的条件下，应尽量放宽楼梯宽度。

图 3-11　设置中间扶手的楼梯

2. 自动扶梯

自动扶梯是指带有循环运动梯路向上或向下倾斜输送乘客的固定电力驱动设备。为减轻乘客疲劳，增强车站吸引力，车站出入口与站厅、站厅与站台之间均应设置上、下行自动扶梯。在设置双向自动扶梯困难且提升高度不大于 10 m 时，可仅设上行自动扶梯。每座车站至少有一个出入口设上、下行自动扶梯，站厅至站台至少有一个出入口设上、下行自动扶梯。自动扶梯可以形成最佳的运送状态，通过能力大，乘客间无冲突干扰，能合理组织客流。

在不设步行楼梯时，自动扶梯梯带总数不少于三条（上行、下行、备用）。一般采用上行自动扶梯、下行步行楼梯的设置办法降低设备投资及运营成本。

车站出入口自动扶梯的倾斜角度不应大于 30°，站厅至站台自动扶梯的倾斜角度应为 30°，踏步高度值小于一般楼梯踏步高度。

图 3-12　自动扶梯

3. 坡　道

在条件许可情况下，比如高差较小，施工条件良好时，可用坡道替代楼梯来连接站台、站厅与出入口，坡道长度应以乘客走行时间能够承受为限，考虑是设在地下的坡道，应取较小的值（一般不应超过 200 m）。为防止滑倒，坡道地面需有防滑措施，坡道照明十分重要，两侧墙体可用广告灯箱或装饰面布置，创造一个比较安全、可靠、温馨的环境，减少乘客穿越地下坡道时可能产生的疲劳感和烦躁情绪。另外，残疾人坡道的设置也方便了残疾人乘坐地铁。

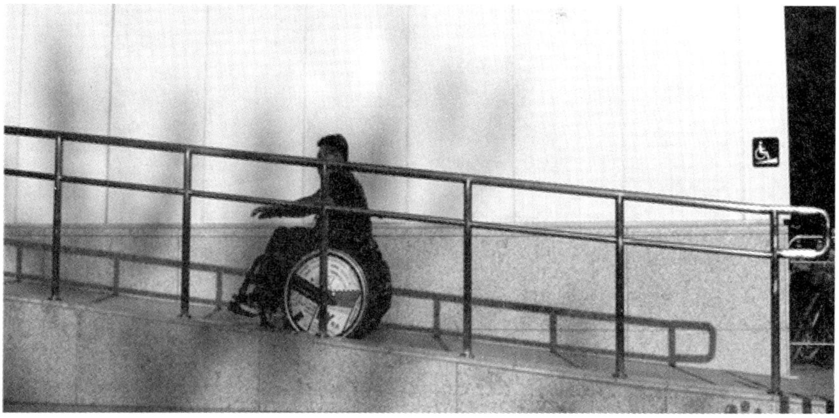

图 3-13　残疾人坡道

4. 垂直电梯与轮椅升降台

电梯是一种以电动机为动力的垂直升降机，装有箱状吊舱，用于多层建筑乘人或载运货物。它具有一个轿厢，运行在至少两列垂直的或倾斜角小于 15°的刚性导轨之间。轿厢尺寸与结构形式便于乘客出入或装卸货物。垂直电梯是车站应设置的无障碍设施，不能设置垂直电梯时，应在人行楼梯挂设轮椅升降台。

图 3-14　垂直电梯

图 3-15　轮椅升降台

五、车站用房

车站用房包括运营管理用房、设备用房和辅助用房三部分。

运营管理用房是车站运营管理人员使用的办公用房，主要包括站长室、行车值班室、业务室、广播室、会议室、公安保卫室和售票室等。

设备用房主要包括通风和空调用房、变电所、消防器材用房、通信机械室、信号机械室、配电室等，用于保证列车正常运行、保证车站良好环境条件和在灾害情况下保障乘客安全所需的设备。

辅助用房是为保证车站工作人员正常工作、生活所设置的用房，主要包括员工休息室、盥洗室、茶炉房及厕所等。

车站用房应根据运营管理需要设置，在不同车站根据需要配置必需的房间，尽可能减少用房房间数量，以降低车站投资。

任务三　换乘站

随着城市轨道交通网线的迅速发展，轨道交通线之间的换乘成为影响效率的重要环节。

换乘站是轨道交通线网中的节点。它除了供乘客乘降外，还要满足两线或多线车站站台之间的换乘。换乘站可以由中间站（或终点站、折返站）补充换乘设备而成，或者一开始就建成供两条或多条线路使用的联合车站。换乘站的形式与换乘方式关系密切。

随着城市的发展，换乘站的客流将会增加，换乘站的作用与地位将更加重要。相应地，地面交通线路的站点也倾向于在换乘站处布设，进一步增加换乘站附近地区交通的可达性和机动性，随后，其附近地区的土地利用便会发生重大变化。因此，在城市轨道交通路网规划中，要慎重地选择换乘站的位置。

一、换乘站设计原则

（1）尽量缩短换乘距离，换乘路线要明确、简捷，尽量方便乘客；
（2）尽量减少换乘高差，降低换乘难度；
（3）换乘客流宜与进出站客流分开，避免相互交叉干扰；
（4）换乘设施的设置应满足换乘客流量的需要，且有扩、改建余地；
（5）应周密考虑换乘方式和换乘形式，合理确定换乘通道及预留口位置；
（6）换乘通道不宜超过 100 m，超过 100 m 宜设置自动步行道；
（7）应尽可能降低造价。

二、换乘方式

1. 站台换乘

（1）同站台换乘

同站台换乘指乘客在同一站台原地或乘客从同一站台的一侧走到另一侧就可以换乘，这是最便捷的换乘方式 。

例如，上海地铁的三号线和四号线有 9 个共用车站，乘客在这 9 个站均可实现同站台原地换乘。

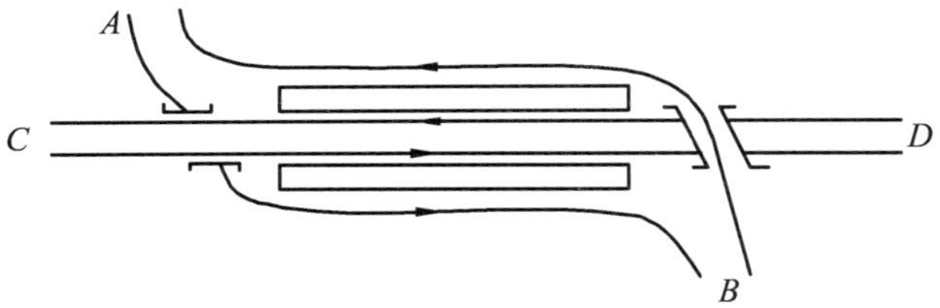

图 3-16　同站台换乘示意图

在图 3-16 中，*A*⟷*D* 或 *B*⟷*C* 乘客从同一站台的一侧走到另一侧就可以换乘。

乘客从同一站台的一侧走到另一侧就可以换乘时，两条不同线路分设在同一个站台的两侧，两条线路可平面布置亦可上下立体布置，如图 3-17 所示。

应当指出，在图 3-16 中，A⟷D 或 B⟷C 乘客换乘非常方便，但另两个方向 A⟷C 或 B⟷D 并不能实现同站台换乘，需通过其他方式换乘。若 A⟷C 或 B⟷D 换乘客流亦较大时，可考虑设计相邻两站均为换乘站。如我国香港地铁的太子站和旺角站，如图 3-18 所示。

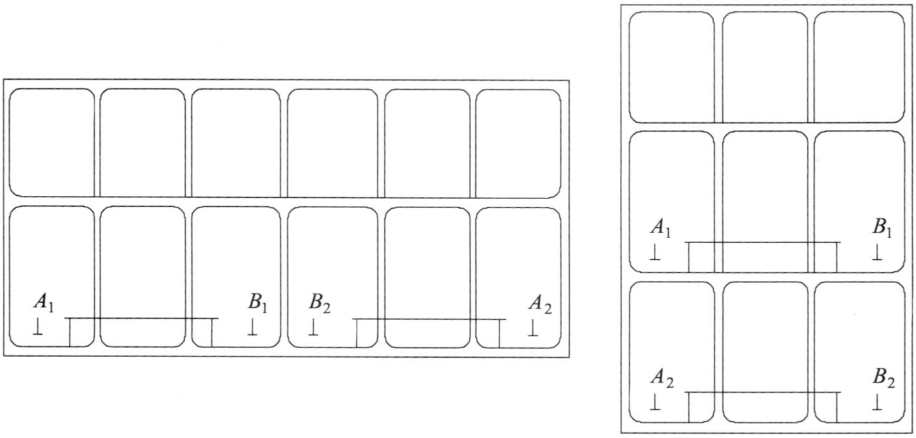

（a）同一平面布置　　（b）不同平面换乘

图 3-17　同站台换乘站台布置

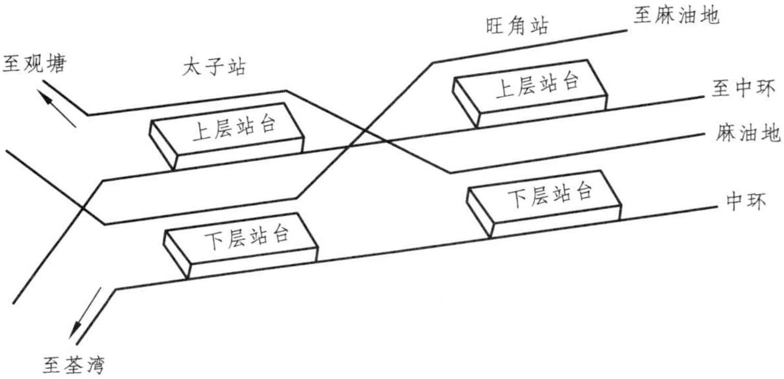

图 3-18　我国香港地铁的太子站和旺角站换乘示意图

武汉地铁的洪山广场站和中南路站也采用了类似的设计。

（2）垂直换乘（节点换乘）

垂直换乘是指乘客由一个车站的站台通过楼梯或自动扶梯直接换乘到另一个车站的站台，如图 3-19 所示。

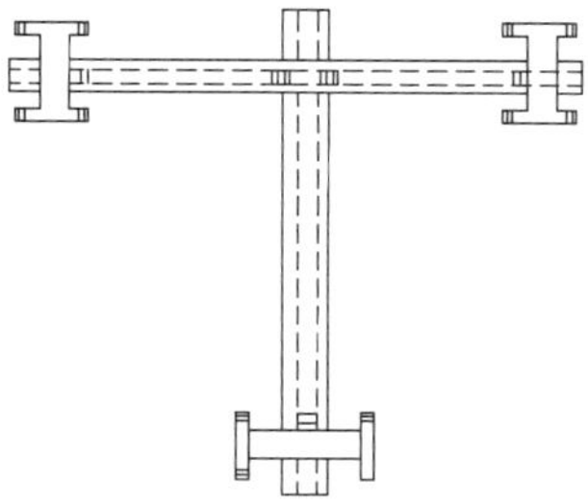

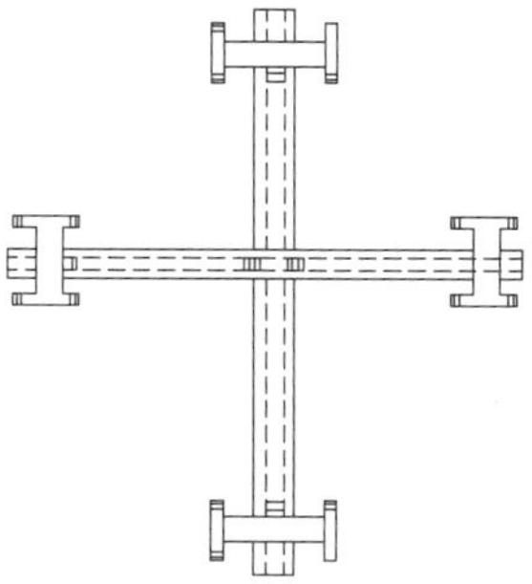

（a）T 字型　　（b）十字型

图 3-19　站台垂直换乘示意图

站台直接换乘一般适用于两条线路平行交织，而且采用岛式站台的车站形式。同站台换乘的基本布局是双岛站台的结构形式，可以在同一平面上布置，也可以双层布置。采用同站台的换乘方式要求两条线要有足够长的重合段，近期需要把预留线车站及区间交叉预留处理好，工程量大，线路交叉复杂，施工难度大，所以尽量在两条线建设期相近或同步建成的换乘点上采用。

站台直接换乘的换乘线路最短，乘客换乘非常方便，如工程条件许可应积极采用。

2. 站厅换乘

站厅换乘是指乘客由一个车站的站台通过楼梯或自动扶梯到达另一个车站的站厅或两站共用的站厅，再由这一站厅通到另一个车站的站台的换乘方式。在站厅换乘方式下，无论是出站还是换乘都必须经过站厅，再根据导向标志出站或进入另一个车站的站台继续乘车。由于下车客流只朝一个方向流动，减少了站台上的人流交织，乘客行进速度快，在站台上的滞留时间减少，可避免站台拥挤，同时又可减少楼梯等升降设备的总数量，增加站台有效使用面积，有利于控制站台宽度规模，如图 3-20 所示。

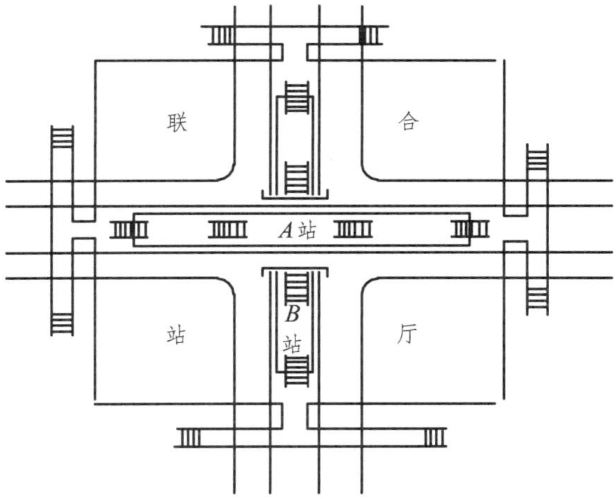

图 3-20　站厅换乘示意图

站厅换乘一般用于相交车站的换乘，它的换乘距离比站台直接换乘要长，在很多情况下，乘客在垂直方向上要往返行走，带来一定的高度损失。

站厅换乘方式有利于各条线路分期修建、分期建成。站厅换乘方式的关键在于楼梯宽度受岛式站台总宽度的限制，其通行能力不能满足换乘客流量之需要，使节点换乘方式的适用范围受到局限。此方式一般适用于侧式站台间换乘，或与其他换乘方式组合应用，可以达到较佳效果。

3. 通道换乘

当两线交叉处的车站结构相对独立，且站台相距较远或受地形条件限制不能直接通过站厅进行换乘时，可以考虑在两个车站之间设置单独的换乘通道来为乘客提供换乘途径。通道换乘设计不仅要注意上下楼的客流组织，更应避免双方向换乘客流与进出站客流的交叉紊乱，如图 3-21 所示。

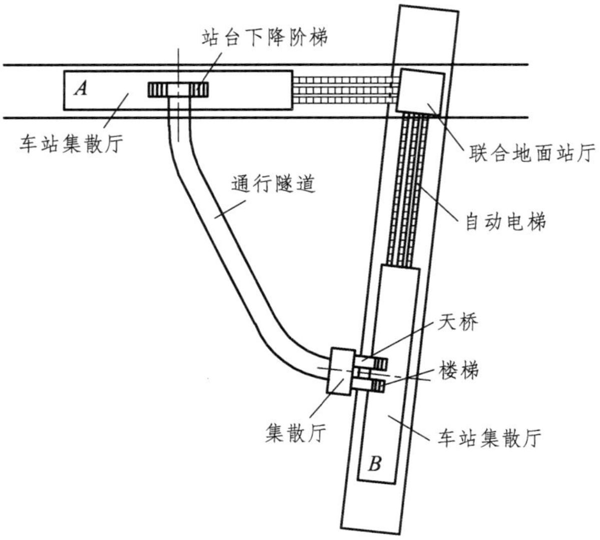

图 3-21　通道换乘示意图

通道换乘方式布置较为灵活，对两线交角及车站位置有较大适应性，预留工程少，甚至可以不预留，容许预留线位置将来可以有少许移动。这种换乘方式有利于两条线工程分期实施，预留工程最少，后期线路位置调节的灵活性大。换乘通道一般应尽可能设置在车站的中部，并避免和出入站乘客交叉。

4. 组合式换乘

在换乘方式的实际应用中，往往采用两种或几种换乘方式组合，以达到完善换乘条件、方便乘客使用、降低工程造价的目的。例如，同站台换乘方式辅以站厅或通道换乘方式，使所有的换乘方向都能换乘；站厅换乘方式辅以通道换乘方式，可以减少预留工程量等。

例如，南京南地铁站是南京地铁 1 号线（运营）、南京地铁 3 号线（运营）、南京地铁 S1 号线（运营）、南京地铁 S3 号线（运营）和南京地铁 6 号线（规划）的换乘车站，也是南京地铁最大的换乘枢纽。南京南地铁站有 4 座站台，分为两组，两组站台之间由换乘通道相连；1 号线和 3 号线站台为同台换乘的双岛式站台，位于高铁站南京南站地下；S1 号线和 S3 号线站台为一岛两侧式站台，位于高铁站南京南站北广场地下，如图 3-22 所示，采用了同站台换乘、站厅换乘或通道换乘等多种换乘方式。

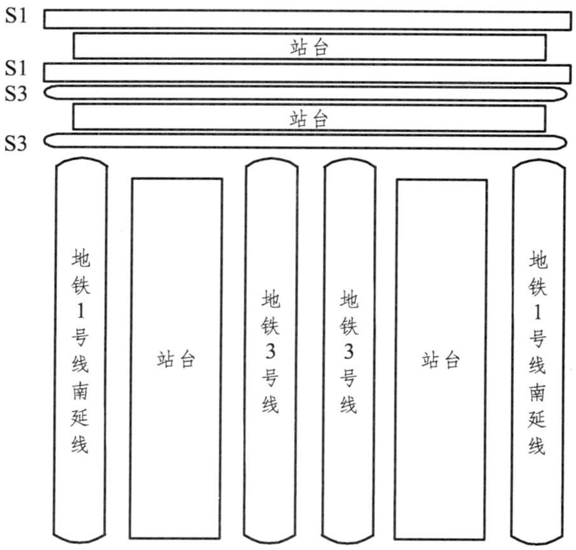

图 3-22　南京南地铁站站台布置示意图

应当指出，城市轨道交通线路之间的换乘应在换乘站的付费区内进行。早期建设的地铁线路由于规划不周，或条件所迫（如高架线与地下线间）产生了乘客在车站付费区以外进行换乘的站外换乘方式。站外换乘实际上是没有专用换乘设施，乘客增加一次进出站手续，步行距离长，在站外与其他人流混合，很不方便，在路网规划中应尽量避免。

三、换乘站形式

根据换乘车站的平面布置，可将换乘车站形式分为以下几种。

1. “一”字形换乘

两个车站上下重叠设置构成“一”字形，一般站台直接换乘或站厅换乘，如图 3-23 所示。

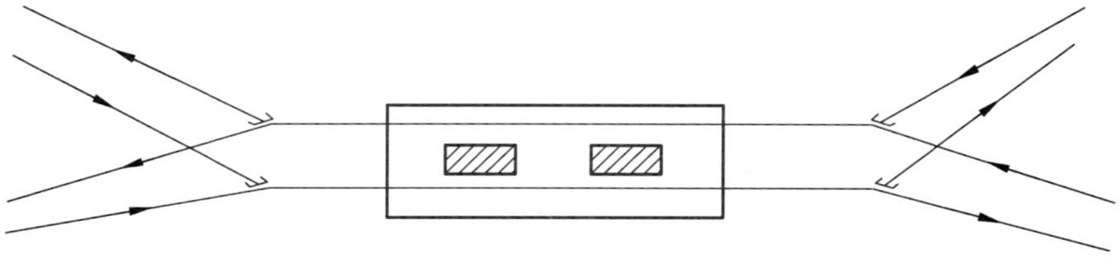
图 3-23　“一”字形换乘站示意图

2.“L”形换乘

两个车站的平面位置在端部相连构成“L”形，高差要满足线路立交的需要。一般在相交处设站厅进行换乘，也可根据客流情况，设通道进行换乘，如图 3-24 所示。

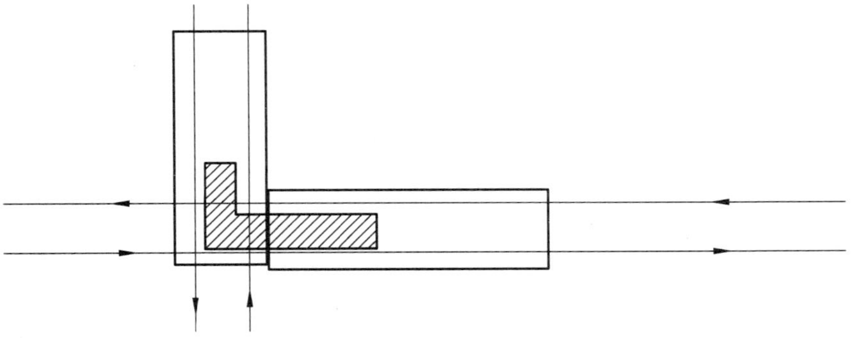

图 3-24 “L”形换乘站示意图

3.“T”形换乘

两个车站上下相交，其中一个车站的端部与另一个车站的中部相连，在平面上构成“T”形，一般可采用站台或站厅换乘，如图 3-25 所示。

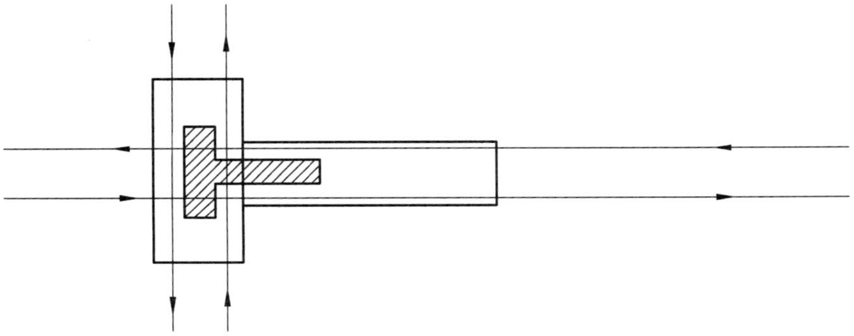

图 3-25 “T”形换乘站示意图

4.“十”字形换乘

两个车站在中部相立交，在平面上构成“十”字，一般可采用站台直接换乘或站厅加通道换乘，如图 3-26 所示。

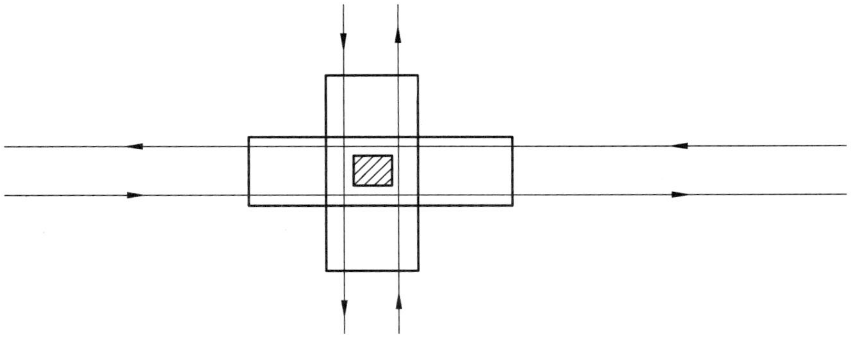

图 3-26 “十”字形换乘站示意图

5.“工”字形换乘

两个车站在同一水平面设置，以换乘通道和车站构成“工”字形，一般可采用站厅换乘或站台到站台的通道换乘，如图 3-27 所示。

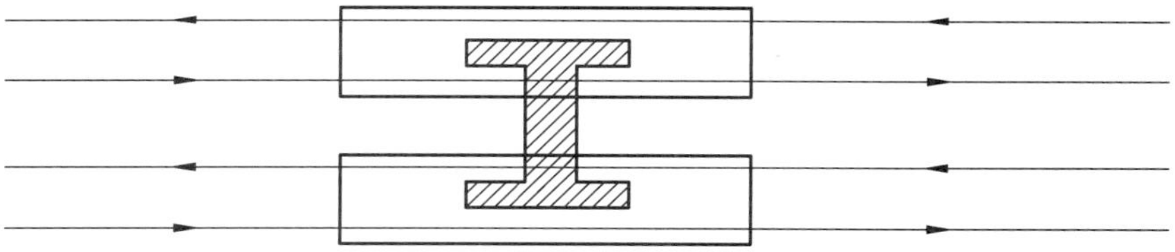

图 3-27“工”字形换乘站示意图

任务四　车站机电设备

除电梯系统外，车站的机电设备还包括通风空调系统、火灾报警系统、给排水系统、安全门系统、自动售检票系统等，设备繁多、复杂，涉及很多专业，因此其管理与维修也较为复杂。

一、通风空调系统

城市轨道交通车站为公共场所，特别是地下站，每天进出人流为数万至数十万人次，保证地下的环境质量对乘客的健康至关重要。通风空调系统的作用就在于对环境进行控制，提供足够的新风，控制适宜的温度、湿度，灾害时排烟救助、防烟隔离以保证乘客的安全，并满足设备正常运转的需要。

1. 通风空调系统的功能

（1）正常运行时为乘客提供舒适的乘车环境，为工作人员提供舒适的工作环境，为设备系统提供良好的运行环境。

（2）阻塞运行时能保证阻塞列车空调器正常运行，为疏散乘客提供足够新风，并引导乘客安全疏散。

（3）当列车在区间隧道发生火灾事故或车站内发生火灾事故时，应具备防灾排烟通风功能。

2. 通风空调系统的组成

通风空调系统分为通风系统和空调系统两部分，优先采用通风系统方式。按控制区域不同，包括隧道通风系统和车站通风空调系统两部分。其中，隧道通风系统又分为车站隧道通风系统和区间隧道通风系统；车站通风空调系统又分为大系统、小系统和水系统。

车站隧道通风系统主要由排风兼排烟风机、站台下及轨顶风量调节阀、防火阀及排风道组成。该系统正常运营时，车站隧道通风系统运行，列车停站时，排除车顶冷凝器和车厢底部发热设备的热量。列车火灾停靠在车站时，利用车站隧道排风系统进行排烟。区间隧道事故运行时，根据系统的控制模式要求开启或关闭车站隧道通风系统。图 3-28 为地铁排风亭。

图 3-28　地铁排风亭

区间隧道通风系统主要由隧道通风机、推力风机装置、射流风机装置、风阀、消声器、风室和风道组成。隧道风机布置在区间隧道的两端。城轨交通早晚运营前后各半小时，按规定的运行模式，开启隧道通风系统。正常运行时，通过列车运动的活塞效应实现隧道内的通风。列车阻塞于区间时，按与行车一致的方向组织气流，对阻塞区间进行机械通风，保证列车空调冷凝器正常运行。列车发生火灾而停在区间时，按预定的运行模式以及大多数乘客撤离相反的方向送风和排除烟气。图 3-29 为隧道风机。

图 3-29　隧道风机

车站公共区（站厅、站台）通风空调系统称为大系统，为定风量双风机一次回风系统，在车站两端各设一套，分别负担半个车站公共区。车站设备管理用房的通风空调系统称为小系统。水系统是为大系统、小系统提供冷源的系统。

二、消防系统

火灾的早期发现对消防救灾来说具有极其重要的意义。而地下车站和区间隧道由于空间狭小，消防救灾十分困难，火灾的早期发现和早期扑救对消防救灾来说显得尤为重要。因此，为保障城市轨道交通线路的安全运营，线路设置火灾自动报警系统，对城市轨道交通全线进行火灾探测、报警和控制。

消防系统包括火灾自动报警系统、自动灭火系统以及消防联动设备。

城市轨道车站消防系统按照车站公共区域、管理用房、设备用房以及轨行区隧道进行设备配置。在车站公共区域，设置易感知、易发现的触发器件。在乘客疏散通道设置隔烟防火设备以及喷淋系统。在设备用房内配置气体灭火系统。车站消防设备都通过火灾自动报警系统（FAS）进行监控。

1. 火灾触发器

火灾触发器包括自动和手动两种报警装置。自动报警装置通常是指火灾探测器，常用的探测器有感烟探测器、感温探测器、火焰探测器等；手动报警装置主要是手动报警按钮，如果被监视现场发现火情，可以通过手动报警按钮快捷准确地向火灾报警控制器通报火警。火灾触发器如图 3-30 所示。

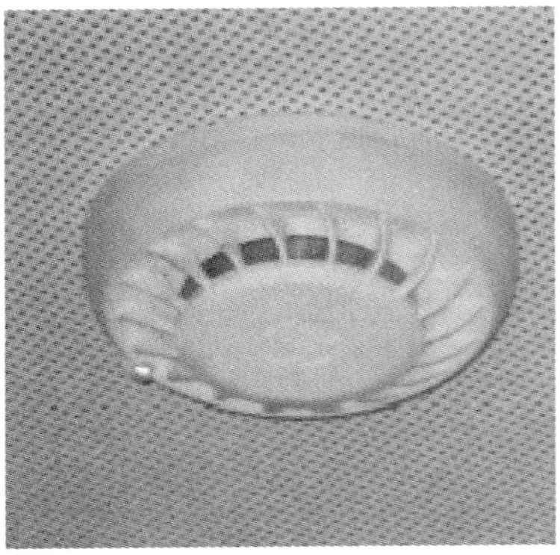

（a）自动火灾探测器

（b）手动报警装置

图 3-30　火灾触发器

2. 火灾报警控制装置

火灾报警控制装置是火灾自动报警系统的心脏，是系统运行的指挥中心，担负着整个系统监视、报警、控制、显示、信息记录和档案存储等功能。正常运行时，自动监视系统的运行状态和故障诊断报警；有火灾时，接受探测器、手动报警按钮的报警信号，并将其转换成声光报警信号，指示报警部位，记录报警信息，通过自动灭火控制装置启动自动灭火设备和消防联动控制设备。

3. 自动灭火系统

城市轨道交通的主变电站、信号设备及车站控制室等一些电子电气用房属于车站的重要部位，不但设备价格昂贵，而且在发生火灾等意外事故时将导致城市轨道交通中断，影响整个城市轨道交通的运行安全，因此上述场所均采用自动灭火系统进行保护。常用的自动灭火系统主要包括水灭火、CO_2、惰性气体灭火系统、卤代烃类化学气体灭火系统等。图 3-31 所示为七氟丙烷气体灭火系统。

图 3-31　七氟丙烷气体灭火系统

三、给排水系统

1. 车站给排水系统的主要作用

（1）提供城市轨道交通运营所必需的生产、生活、消防等用水。

（2）收集排出生产、生活、消防等产生的废水、污水及地下结构渗漏水、雨水等。

（3）提供完整的水消防系统，保证城市轨道交通的安全、正常运营。

城市轨道交通的生产、生活、消防水源取自城市自来水供水管网。消防用水为两路供水。城市轨道交通地下车站内不设消防蓄水池，消防增压水泵直接从供水管道抽水加压供消防使用。生活、生产用水为单路供水。

2. 车站给水方式的四个独立系统

（1）车站生产、生活供水系统

地铁车站的生产、生活供水系统是独立的内部供水系统，从两根接自市政管网的消防进水管中的任一根接出生产、生活给水管，生产、生活给水水表和消防水表设在同一个水表井内，单独设置水表后进入车站，呈枝状布置。一般给水引入管是从风井引入车站，如果车站风道长度很短，可以从两端各接入一根生产、生活给水管进车站，这样两根生产、生活给水管分别接至车站两端的用水点，就可以不经过公共区从车站的一端引至另一端，站内给水管长度就缩短很多，既避免了不必要的浪费，也可以减少和站内其他管线的交叉。

车站生产、生活给水系统的主要供水点包括卫生间、开水间、环控机房、冷冻机房、冷却塔、污、废水泵房冲洗水及车站公共区两端的冲洗水栓等。

（2）消火栓供水系统

地下车站的消火栓系统由城市自来水管网引入两路水源进入车站消防泵房，泵房内设有两台离心水泵直接从供水管道中抽水加压，消火栓管道出消防泵房后在车站内成环状布置，并与城市轨道交通区间隧道内的消火栓管道联通。每个地下车站消火栓增压水泵负责 1/2 区间隧道内消火栓的增压。

（3）水幕供水系统

水幕系统设备用于车站的防火分隔水幕喷头，设在各站站台层的每个扶梯口。由城市自来水管网两路供水。消防泵房内设有 2 台离心水泵，该系统增压水泵同样直接从供水管道中抽水加压。管道在车站内成环状布置。水幕系统管道不与其他管道相接，每个车站管网独立组成环路。

（4）空调冷却循环水系统

空调冷却循环水系统由各种设备组成，对于水冷式冷水系统，主要设备有冷水机组、冷却塔、冷冻水泵、冷却水泵、定压补水装置、处理装置、末端装置（空气处理机组、风机盘管等）。

3. 车站排水方式的四个独立系统

（1）地下车站废水由设有站厅、站台的地漏，将废水排入车站的轨道两侧明沟和站台下，排水汇集至车站端头废水池内由排水泵提升，排入市政排水管道。

（2）污水由厕所的下水管道汇集至污水池，然后由排水泵提升排入城市污水管道或地面化建设。

（3）出入口雨水汇集至出入口的集水池后，由排水泵提升排入市政排水管道。

（4）地下结构渗漏水汇集于就近的集水池，由排水泵提升排出车站。

四、安全门系统

安全门是安装于站台上，用以将站台区域与轨道区域隔离开来的一系列门组成的屏障。该系统沿地铁站台边缘安装设置，将列车与地铁站台候车室隔离开来，除了能防止人员跌落轨道，为乘客提供一个舒适、安全、美观的候车环境，提高地铁服务水平外，还能隔断区间隧道内热空气与车站内空调风之间的热交换，使车站成为一个独立的空调场所，以显著降低车站空调的运行能耗，同时减少列车运行噪声和活塞风对车站的影响。

1. 安全门的分类

（1）全高封闭式屏蔽门

全高封闭式屏蔽门适用于新建地铁地下车站以及需要对站台进行环境控制的地面和高架车站，如图 3-32 所示。

图 3-32　全高封闭式屏蔽门

（2）半高敞开式安全门

半高敞开式安全门适用于地铁地下车站后期加装以及与自然环境相连的地面和高架车站，如图 3-33 所示。

图 3-33　半高敞开式安全门

2. 安全门系统的构成

安全门系统主要由门体、门机、电源与控制等四个部分组成。门体包括滑动门、端门、应急门、固定门等；控制系统主要由中央接口盘、就地操纵盘、门控单元以及通信接口构成。

五、自动售检票系统

自动售检票系统（AFC）是城市轨道交通用于自动售票、自动检票和自动统计结算的一系列设备所构成的系统。它是集机械、电子、计算机应用、计算机网络管理、通信传输、票务政策及票务管理等功能于一体的控制系统和信息管理系统。

AFC 系统通常由清分计算机、中央计算机、车站计算机、票房计算机、自动售票机、进出闸机、验票机和信息载体—车票组成，如图 3-34 所示。

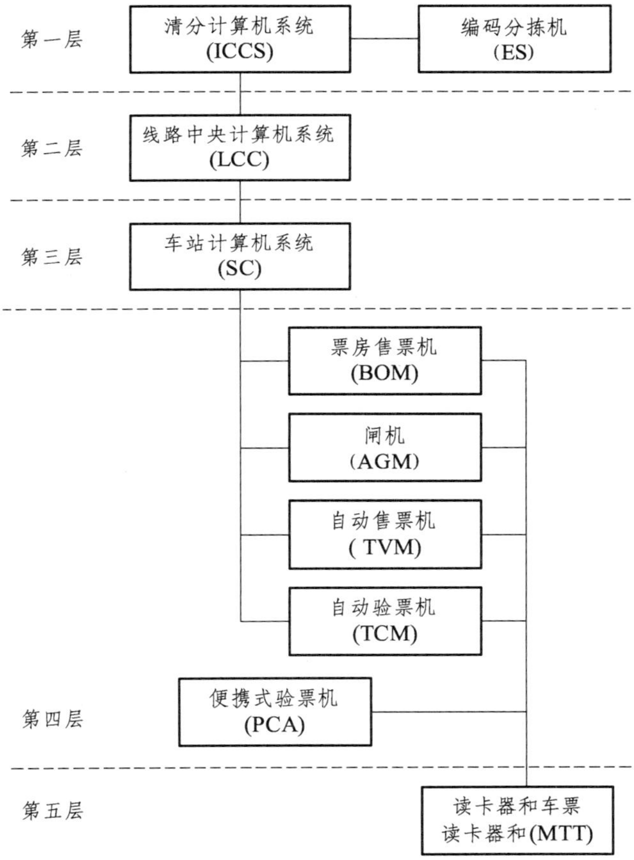

图 3-34　AFC 系统组成

售票机、验票机、充值机等设备应沿着进站客流流线顺序摆放，同时尽量避免阻碍和干扰其他方向的客流。另外，为了节省地下空间，车站售票亭一般兼有人工售票、验票、补票等功能，宜布置在靠近出站检票机处以方便验票和补票。

检票机台数应根据远期高峰客流量确定，并有适当的预留量。检票机的摆放对进出站客流的流线组织起着关键作用，其布置应遵循以下原则:

（1）设置在付费区和非付费区的交界处。

（2）进站检票机应与售票机及楼、扶梯配合设置。

（3）出站检票机应与楼、扶梯及出入口配合设置。

（4）出站检票机和进站检票机应按规范规定的距离分开设置，使客流在付费区不交叉干扰、顺畅有序，无阻塞拥挤，以方便乘客进出站为基本原则。在设计检票机数量的时候，应注意相邻两台检票机可以形成一个通道。所以应先满足通道数量，再根据布置情况确定检票机的数量。

复习思考题

1. 简述城市轨道交通车站的作用与分类。
2. 影响车站分布的因素有哪些?
3. 城市轨道交通车站主要由哪几部分组成?
4. 城市轨道交通车站的站台有哪几种形式，其长、宽、高分别如何确定?
5. 城市轨道交通车站有哪几种乘降设备?
6. 试分别绘制站厅层、站台层的平面示意图，并在图上标出各功能分区与主要设施。
7. 若城市轨道交通车站地下车站站台发生火灾，试画出乘客应急疏散路线。
8. 换乘站的设计原则有哪些?
9. 换乘站的换乘方式有哪几种？分别举例说明。
10. 换乘站的形式有哪几种?
11. 城市轨道交通车站有哪些机电设备？各自有哪些作用?

项目四　车辆基地

城市轨道交通车辆保有量较多，运行时间长，技术要求高，安全可靠性指标高，对车辆的运用、维护保养、检修均有很高的要求，为保证轨道交通系统中各项设备处于良好状态，确保行车安全，应配设车辆基地。车辆基地包括车辆段（停车场）、综合维修中心、物资总库、培训中心和其他生产、生活、办公等配套设施。国内有些城市还将行车调度指挥中心、地铁公安局或运营公司整合在车辆基地内。

一般每条城市轨道交通线设一个车辆基地，若线路较长则增设停车场。

车辆基地与正线车站的联系线路布置可以分为尽头式车辆基地和通过式车辆基地两种不同方式，如图 4-1 所示。

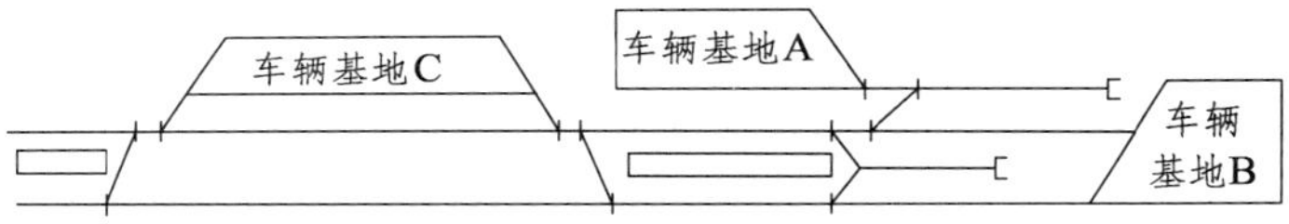

图 4-1　车辆基地线路布置图

注：图中 A 和 B 为尽端式车辆基地布置方案，C 为通过式车辆基地布置方案。

任务一　车辆基地概述

一、车辆基地的选址要求

车辆基地的设计应初、近、远期结合，分期实施。用地范围应在站场股道和房屋规划布置的基础上按远期规模确定。

1. 用地符合城市总体规划

车辆基地一般都建在地面上，占地面积较大，为保证用地，通常在编制规划时已做初步安排，并纳入城市的总体规划。随着城市的发展，总体规划可能会有所变化或调整。

2. 有良好的接轨条件

车辆基地良好的正线接轨条件是保证安全运营、降低工程投资和运用费用的关键。

车辆基地通接轨点和接轨方式的选择应保证列车进入正线安全、可靠、方便、迅速以及经济。有条件时选址应尽量靠近正线，接轨站尽可能与远期行车交路折返站相结合。

3. 避开工程地质和水文地质不良的地段

车辆基地内通常设有数十条股道和总建筑面积近 10 万平方米的各类厂房、车间和办公楼等房屋建筑，还有各种大型设备和室内、室外构筑物，这些股道、房屋、大型设备和构筑物都必须有稳定的基础，以保证生产的安全和各项设备设施功能的发挥。所以车辆基地的选址应尽量选用地形、地貌、地质构造、地层岩性等工程地质条件和地标、地下水位、水量、地下水腐蚀性等水文地质条件较好的地段，为施工和运营创造有利条件，降低工程造价和运营维修成本。

4. 有良好的自然排水条件

车辆基地占地面积大，排水种类较多，有地面排水、生产、生活废水和污水的收集和排放，还有纵横布置的管沟排水，由于大量股道的布置和分散的房屋建筑物造成基地内的排水系统相当复杂。具有良好的自然排水条件可为排水系统的设计和运营提供有利的前提。

5. 便于城市电力线路、给排水等市政管道的引入和道路的连接

城市电力线路的引入保证城市轨道交通用电和运营用电，因此城市电网供电的供电质量和电力线路的引入就显得非常重要。既有和规划排水等市政管道，对于城市轨道交通也非常重要。车辆基地内应有运输道路及消防道路，并应有不少于两个与外界道路相连通的出口，这是材料运输与消防的需要。

6. 有足够的有效用地面积和远期发展余地

车辆基地的用地面积应根据功能、工艺要求以及总平面布置确定，而且对用地地块的长度和宽度以及地块的几何形状都有一定的要求。车辆基地一般地面长度不小于 1 500 m（含试车线长度），宽度不小于 300 m，停车场一般地面长度不小于 800 m。

二、车辆基地的组成

1. 车辆段

车辆段担负着一条或几条线路城市轨道交通车辆的停放、检查、维修、清洁整备等工作，是车辆管理、运用、维修保养和检修的基地，其任务是保证提供技术状态良好的车辆。根据功能车辆段可分为检修车辆段（简称车辆段）和运用停车场（简称停车场）。除运用管理外，（检修）车辆段必须完成车辆检修的相应修程（大修、架修和定修），而（运用）停车场只承担日常维修保养工作，必要时可承担双周/三月检及临修任务。

车辆段每天进出车频繁，与正线关系密切，而且线路、设备和房屋建筑多，工艺要求严格。因此，车辆基地的总平面图应以车辆段为主体。

2. 综合维修中心

综合维修中心（简称维修中心）是指城市轨道交通系统中各种设备和设施的维修管理单位。其业务范围较广，涉及轨道交通线路、路基、轨道、桥梁、涵洞、隧道和房屋建筑等设施的维护、保养，以及供电、通信、信号、机电设备和自动化设备的维修保养和故障修理工作。

3. 物资总库

物资总库担负着城市轨道交通系统材料、配件、设备和机具，以及劳保用品等的采购、存放、发放和管理工作，为轨道交通工程各系统的建设、运营和维修所需材料、机电设备和配件等提供储存和供应服务，并负责材料的采购、保管和发放工作。物资总库在工程建设期间可作工程材料、设备临时存放使用。

4. 培训中心

培训中心负责组织和管理车辆段及综合基地职工的技术教育以及培训。城市轨道交通系统网络一般宜共用一个培训中心。中心内应设有教室、设备室、教职员工办公室以及配套设施。培训中心应以城市快速轨道交通线网规划为依据，进行合理规划，根据功能和任务确定建设规模。

5. 救援设施

车辆基地内应设救援设施，确保及时、准确地处理事故。综合维修抢修系统应具备钢轨断轨、挤岔、水害、火灾、爆炸、接触网断线、供电线路短路、供电绝缘子破损、信号系统故障等中断运营的事故和灾害的应急抢修能力。

救援用的轨道车辆宜利用车辆段和综合维修中心的车辆，包括车辆段的调车机车和维修中心接触网维修车等，并根据救援需要设置专用地面工程车和指挥车。

6. 运用管理与服务部门

运用管理部门对车辆的运用实施调度，管理、组织工作。服务部门负责经营管理、生活服务、物资供应等业务，通常包括加工区、生活区、行政管理区等。

三、车辆基地的规模

车辆基地的基本规模主要取决于配属车辆数，其中大部分是运行车辆。为此。车辆基地应有足够的停车位与专门的洗车场地，相应数量的检修台位和实验台位，相应规模的后勤和行政管理设施。

四、车辆基地和铁路的联系

车辆段设在铁路附近，便于与铁路相连接，尤其在轨道交通系统建设和运营初期，为了便于车辆、设备、物资运送的便捷和经济，车辆基地应设址在铁路附近，与铁路专用线相连接。

五、车辆基地设置方案

1. 平面设置

利用线路两端地处城市边缘区（或郊区），新开发土地价值较低，利用面积较充裕等优势，可以平面布置，使投资大幅度降低，调车作业方便易行，管理较为方便。

2. 立体设置

为了利用轨道交通建设对土地的诱发升值效应，或因车辆基地所在地区可供土地面积有限，可将车辆基地建成集停车、检修、商务、居住等多种功能为一体的综合性建筑物。尤其对高架结构的单轨铁路、轻轨铁路而言，列车不需经常运行在长大上下坡道出入库；对轨道交通企业而言，则是一项主要的土地开发收益（因为土地升值较为明显）。

3. 车辆基地平面布置图

某城市轨道交通车辆基地平面如图 4-2 所示。

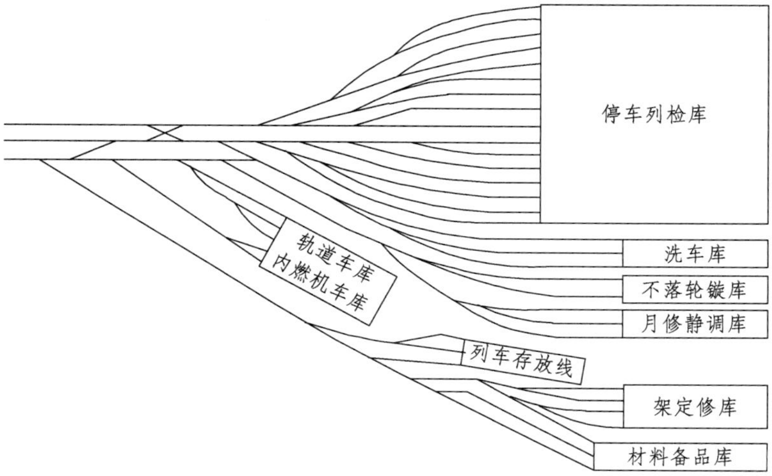

图 4-2　车辆基地平面图

任务二　车辆段设置

地铁的车辆检修修程分为大、架修、定修、三月检和双周检。其中大修的任务是对车辆包括车体在内进行全面的分解、检查及整修，结合技术改造对部分系统进行全面的更换，对车辆各系统进行全面检测、调试及试验。架修的任务是对车辆的重要部件，特别是走行部进行分解，全面检查、修理，并更换部分部件，对车辆各系统进行全面检测、调试及试验。定修的任务是进行车辆的各系统状态检查、检测，各部件全面检查、清洁、润滑及部分部件的修理及列车的调试。三月检的任务是进行车辆的重点部件及系统状态检查，部件清洁、润滑，更换磨耗件。双周检的任务是对易损件和磨耗件进行检查，对部分部件进行清洁、润滑。列检是对列车的车顶、客室内、车下的各种设备进行普查，大到转向架，小到监控摄像头、座椅等并对危及行车安全的故障及时进行重点修理。

《地铁设计规范》规定，地铁的车辆检修修程和检修周期应符合表 4-1 规定：

表 4-1　车辆检修修程和检修周期

类别	检修修程	日常检修和定期检修周期指标		检修时间/天
		走行里程/万千米	时间间隔	
定期检修	大修	120	10 年	35
	架修	60	5 年	20
	定修	15	1.25 年	7
日常检修	三月检	3	3 月	2
	双周检	0.5	0.5 月	0.5
	列检	—	每天或两天	—

注：1. 表中检修周期按部件互换修确定；
2. 设计中检修周期，应采用年走行里程指标；
3. 可行性研究报告阶段可采用时间间隔指标。

车辆段可根据其作业范围分为大、架修和定修段，大、架修段应为承担车辆的大修和架修及其以下修程作业；定修段应承担车辆的定修及其以下修程作业。

停车场主要承担列检和停车作业，必要时可承担双周/三月检及临修作业。

一、车辆段必备设施

车辆段一般需要配置停车库、检修库、车辆清洗设备和设备维修车间。

1. 停车库

停车库主要用于夜间收车后的停车作业，以及停放备用车辆，可以进行简单维护保养作业。其设计规模应保证所有车辆停放的需求（可以考虑在线路上设有停车线的车站上停放部分列车，减少车库停车线数量），设计依据为线路车辆保有量，即线路运营所需的车辆总数。

2. 检修库

检修库是专门用于车辆检修作业的车库，配有检修设备，根据车辆的修程不同分为：

（1）列检库：完成列车列检作业，可以在停车库列检线完成。

（2）三月检库：完成列车三月检作业。

（3）定修库：完成列车定修作业。

（4）架修库：完成列车架修作业。

（5）大修库：完成列车大修作业。

按车辆检修修程、检修内容和车辆数，设计建设上述各检修库的线路，完成设备容量、人员配备等。

3. 车辆清洗设备

车辆段必须配备车辆清洗设备，并设专用的车辆清扫线。

4. 设备维修车间

车辆段内还应有设备维修车间，负责段内的动力设施及通用设备维修。

二、车辆段内的线路

除出入段线外，城市轨道交通车辆段根据生产需要和所担负的任务一般应设置下列线路：

1. 停车（列检）线

停车（列检）线是停车库内用于停车以及车辆一般检查的线路。城市轨道交通系统一般不是全日运营，夜间列车需回段停放并进行简单维护保养，降低车辆的自然破损率（常用封闭式车库），设有出入库调车信号机。兼作列检的停车线应设地沟。线间距为 4.6 ~ 5.0 m。

2. 洗车线

洗车线是专门用于车辆清洗的线路，设有洗车设备、污水处理设施和调车信号设备。一般应单独设置，不宜与车辆段出入线共用。

洗车线与列检线构成检车区，完成清洗、日常保养检修作业。洗车线有尽端式和贯通式两种布置形式，贯通式布置使用方便，但占地过长。

3. 检修线

检修线是设在各检修库内的线路，包括月检、定修、架修、大修线，完成分解车体、喷丸除锈、结构整修、车体组装等作业。

月检线线间距一般为 6.0 m，定修线间距一般为 7.0 m，架修、大修线线间距一般为 7.5 m。

4. 吹扫线

吹扫线用于定修以上修程、车辆底部的清洁，以便列车解体和检修作业。线路长度按 1 列位确定。为不影响周围环境，吹扫线应尽量设在车辆段的下风方向。

5. 解钩线

解钩线用于以组为单元送修理库的解钩作业。例如，以列为单元修理，就无须解钩线。

6. 静调线

静调线设在车库内，担当分组或整列的静调作业。

7. 镟轮线

镟轮线用于对车辆在列车不解体的情况下，当轮对磨耗不对称时（圆度、斜面不等）进行镟轮作业的线路。

8. 试车线

试车线是完成了定修、架修、大修等修程的车辆进行试车检测的线路，为达到必要的运行速度，试车线需有一定长度标准和平纵断面特点，其技术标准宜与正线标准一致。

9. 其他线路

其他线路包括调车用牵出线、救援车停放线、与铁路的联络线、内燃机车线、材料线等。

车辆段的线路与设备，因其担负的作业不同，会有所增减，但其中有许多线路与设备尚需通过实践来检验如何合理配置。

三、车辆段的设计

车辆段规划设计主要包括三个部分：咽喉部分、线路部分及车库部分。

除上述线路部分及车库部分外，车辆段规划设计还应合理设计咽喉部分。

咽喉部分是车辆段的线路部分与车库部分与正线的连接地段，有出入段线和很多道岔，直接影响整个轨道交通的正常运行。咽喉部分既要注意保证行车安全、满足输送能力的需要，又要保证必要的平行作业，尽量缩短咽喉长度以节省用地。

出入段线应在车站接轨，接轨站宜选在线路的终点站，有条件时可选在折返站；出入段线应按双线双向运行设计，并避免切割正线，有条件时可结合段型布置，实现列车掉头转向功能；出入段线应根据行车和信号的要求，留有必要的信号转换作业长度，停车场出入线可根据需要设计为双线或单线。

车辆段内线路及车库应满足需求且有便捷的联系。

由于城市轨道交通列车编组较短，库型为尽端式布置时，停车列检线应按一列位或两列位设计；双周/三月检线应按一列位设计，困难时可按两列位设计。库型为贯通式布置时，停车列检线应按两列为或三列位设计；双周/三月检线应按两列位设计，困难时可按三列位设计。

各车库或线路的长度应分别按下列公式计算，并应结合实际情况做适当调整，并不应小于下列公式的计算值。

（1）停车库（棚）计算长度

$$L_{\mathrm{tk}} = (L+1)\times N_{\mathrm{t}} + (N_{\mathrm{t}}-1)\times 8 + 9$$

式中 L_{tk}——停车（棚）计算长度，m；

（L+1）——列车长度加停车误差 1 m，m；

N_{t} ——每条线停车列位数；

8——停车列位之间通道宽度，m；

9——停车库两端横向通道总宽度，m。

（2）列检库（棚）计算长度

$$L_{\mathrm{jk}} = L_{\mathrm{j}}\times N_{\mathrm{j}} + (N_{\mathrm{j}}-1)\times 8 + 9$$

式中 L_{jk}——列检库（棚）计算长度，m；

L_{j} ——检查坑长度，m，为列车长度加 4 m；

N_{j} ——每条线列检列位数；

8——列检车列位之间通道宽度，m；

9——列检库两端横向通道总宽度，m。

（3）双周/三月检库计算长度

$$L_{\mathrm{jk}} = (L+1)\times N_{\mathrm{y}} + (N_{\mathrm{y}}-1)\times 8 + 25$$

式中 L_{yk}——月检库计算长度，m；

（L+1）——列车长度加停车误差 1 m，m；

N_{y}——每条线停车列位数；

8——月检列位之间通道宽度，m；

25——月检库设计附加长度，m。

（4）定修库计算长度

$$L_{dk} = L + N_d \times l + 16$$

式中 L_{dk}——定修库计算长度，m；

N_d——列车单元数；

l——列车单元解钩后车钩检修作业所需距离，m；

16——定修库设计附加长度，m。

架修库和大修库的规模应根据修程的检修作业量、检修时间确定。

（5）牵出线的有效长度

$$L_q = L_{qc} + L_n + 10$$

式中 L_q——牵出线有效长度，m；

L_{qc}——通过牵出线的列车总长度，m；

L_n——调车机车长度，m；

10——牵出线终端安全距离，m。

（6）洗车线的有效长度

① 尽端式洗车线有效长度

$$L_{js} = 2L + L_s + 10$$

式中 L_{js}——尽端式洗车线有效长度，m；

$2L$——洗车机设备前后各一列车长度，m；

L_s——洗车机长度（包括联锁设备），m；

10——线路终端安全距离，m。

② 贯通式洗车线有效长度

$$L_{ts} = 2L + L_s + 12$$

式中 L_{ts}——贯通式洗车线有效长度，m；

$2L$——洗车机设备前后各一列车长度，m；

L_s——洗车机长度（包括联锁设备），m；

12——信号设备设置附加长度，m。

复习思考题

1. 车辆基地的功能有哪些？
2. 车辆段与停车场有什么区别？.
3. 车辆段有哪些必备设施？
4. 车辆段内有哪些线路？其各自作用是怎样的？
5. 车辆段内的车库与线路长度怎么确定？

项目五　站场基础知识

城市轨道交通的运营除正线外，还需要若干车站、配线和车辆基地（车辆段、停车场）等。车站和车辆基地（车辆段、停车场）往往需要比较大的地方。为了解车站和车辆基地（车辆段、停车场）的设计布置，需要识别线路的种类，确定合适的站场咽喉长度及线路有效长。

任务一　城市轨道交通线路分类

地铁线路按其在运营中的功能定位，分为正线（干线与支线）、配线和车场线。配线包括折返线、渡线、联络线、停车线、车辆基地出入线、安全线等。车场线是指在车辆段或车场内部，承担列车停放、检修、转线等作业的线路，包括停车线、试车线、洗车线等。

一、正　线

正线是贯穿所有车站、区间供列车日常运行的线路。城市轨道交通系统的正线均采用上下行分行，一般实施右侧行车惯例，以便与城市地面交通的行车规则相吻合。

二、折返线

折返线是在线路两端终点站（对于环线，也需要设两个“终点站”），或者准备开行折返列车的区间站，设置的专供列车折返调头的线路。

折返线视不同的折返方法可分为：

1. 环形折返线

环形折返线俗称灯泡线，如图 5-1 所示。

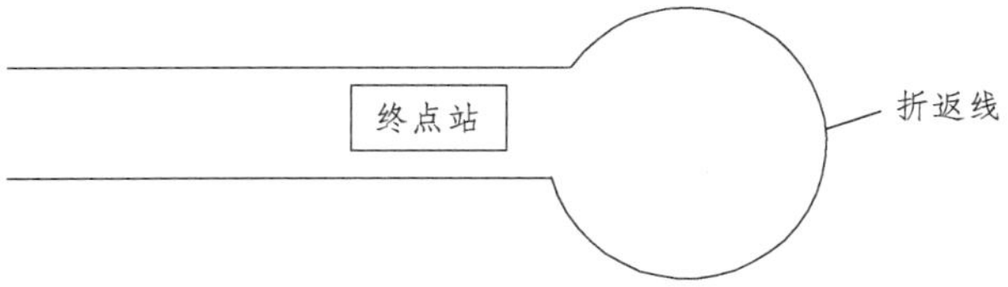

图 5-1 环形折返线

环形折返线实际上是将端点折返作业转化为沿一个环形单线区段运行的作业，实质上取消了折返过程变为区间运行，有利于列车运行速度发挥，消除了因折返作业而形成的线路通过能力限制条件，不乏一种对提高运营效率有利的折返方法。

环线折返的问题在于环线占地面积较大，尤其是在地下修建难度更大，投资较高；环线折返丧失了一端停车维护保养检查的机动线路，对车辆技术要求、运行组织要求更高，线路机动性下降，线路延伸的可能性甚微，一般只适用于线路较短、线路延伸可能较小且该端点站又往往在地面的情况。

图 5-2 日本桃花台新交通折返线

2. 尽端折返线

尽端折返线可分为单线折返、双线折返、多线折返等不同布置办法，如图 5-3 所示。

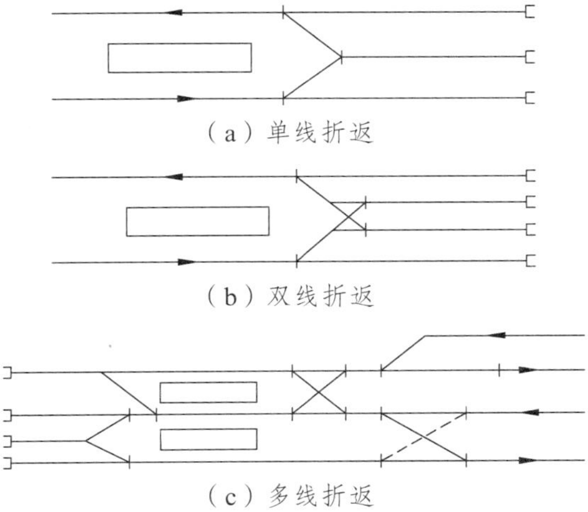

（a）单线折返

（b）双线折返

（c）多线折返

图 5-3 尽端折返线示意图

利用尽端线折返的办法，弥补了环线折返的不足，使端点站既可有效组织折返（如双折返线可明显降低折返时间），又可备有停车线供故障停车、检修、夜间停车等作业使用。对于线路延伸也十分方便，比较适合于地下结构的端点站，以及线路较长或有延伸可能且土地不宜多占用的情况。

3. 利用渡线折返

利用渡线折返是指在站前或站后设置渡线，用以完成折返作业的布置方式，如图 5-4 所示。

很明显，利用渡线折返需要修建的线路量少，投资下降。然而，列车进出车站与折返作业有严重的干扰，尤其是在区间站利用渡线进行区间列车折返，需占用正线进行作业，故对运营管理要求十分严格。且列车运行间隔时间受其制约需放大，导致线路通行能力下降，安全可靠性存在隐患。所以，在列车运行速度较高、运行间隔时间较短（即发车频率较高）、运量较大的线路不宜采用此类办法。

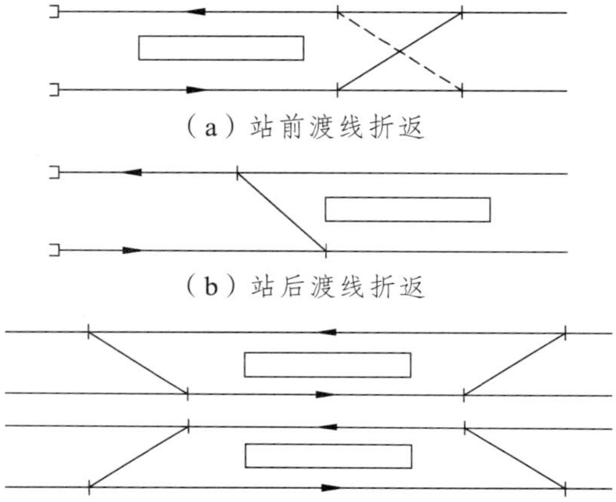

（a）站前渡线折返

（b）站后渡线折返

（c）区间站渡线折返

图 5-4　渡线折返示意图

渡线的设置应符合下列规定：

（1）单渡线应设在车站端部，道岔宜按顺岔方向布置。

（2）单渡线与其他配线的道岔组合布置时，应按功能需要允许逆向布置。

（3）在采用站后折返的尽端站，宜增设站前单渡线，并宜逆向布置。

正线每隔 2 ~ 3 座车站或 3 ~ 5 km 应加设渡线。

根据列车折返作业过程与站台的相对位置，可分为站后折返、站前折返和混合折返。

三、联络线

城市轨道交通联络线是连接 2 条独立运营线路的配线，其主要功能是发挥路网的整体作用，使各轨道交通线路之间建立一定的联系，保证运营运转通道的车流顺畅。联络线可分为路网联络线和国铁联络线，如图 5-5 所示。

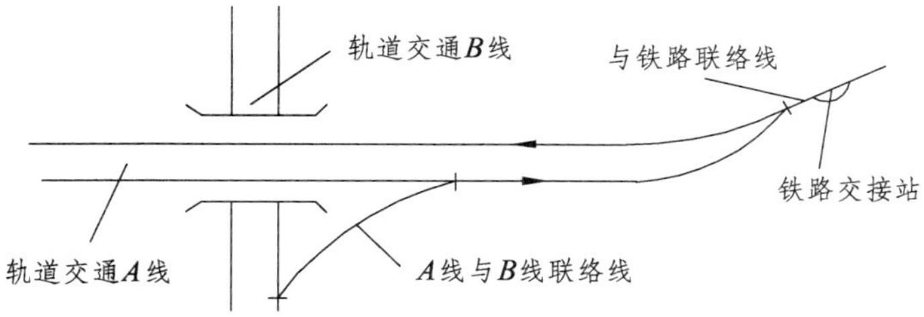

图 5-5　联络线示意图

联络线因连接到轨道交通线往往不在一个平面上，因此，有较大的坡道和较小的曲线半径，列车运行速度不可能很高。如果在地下建设，施工难度较大，投资也随之加大。

联络线的基本形式有单线联络线、双线联络线和渡线联络线。

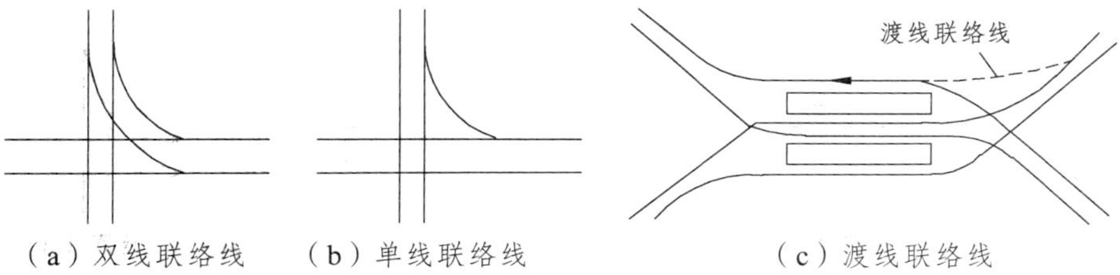

图 5-6　联络线的基本形式

四、停车线

在车辆基地有众多的专用停车线，提供夜间停止运营后的列车停放。在运营线路沿线每隔 5 ~ 6 个车站或 8 ~ 10 km 设置车辆停车线以保证故障列车及时退出运营正线，停放到停车线上，尽量减少对后续列车的干扰。

停车线的布置有尽头式和贯通式两种。为提高停车线使用的灵活性，贯通式停车线的末端可与一侧或两侧正线连通，形成 3 方向或 4 方向与正线联通。尽头式停车线末端应设车挡；贯通式停车线末端连接正线时可视具体条件设置安全线或车挡。

按与站台的位置关系不同，停车线可分为横列式和纵列式，如图 5-7 和图 5-8 所示。

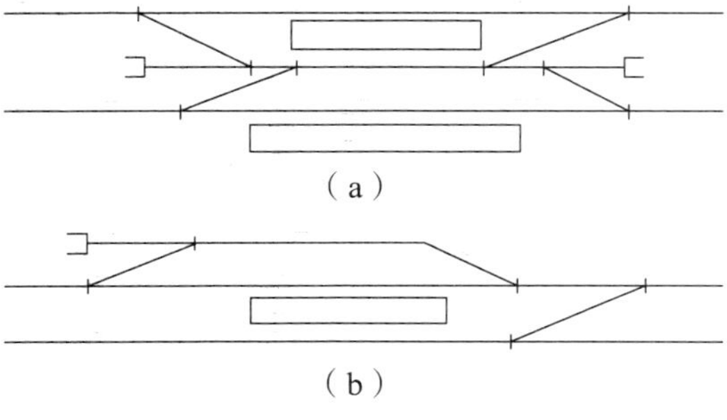

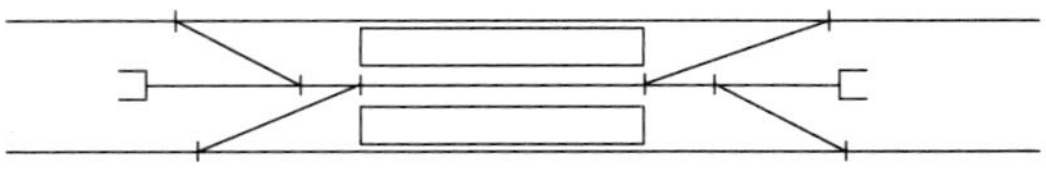

（c）

图 5-7　横列式停车线

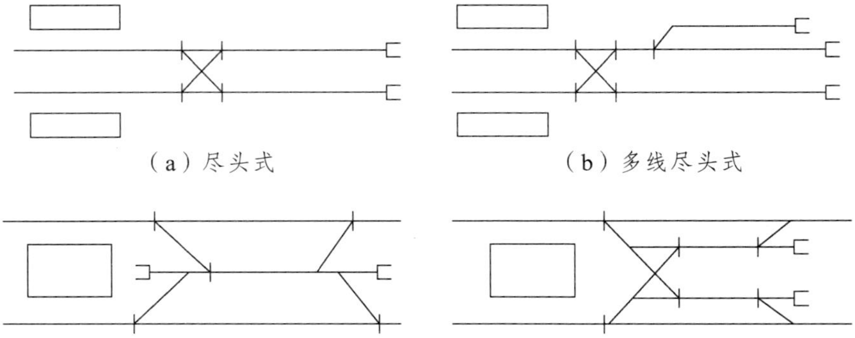

（a）尽头式　（b）多线尽头式

（c）贯通式 1　（d）贯通式 2

图 5-8　纵列式停车线

五、车辆基地出入线

车辆基地出入线是车辆基地与正线车站联系的线路，专供列车进出车辆基地。一般分为入库线和出库线。

车辆基地通常位于线路的端部或中部，由此决定了不同出入线的布置形式。出入线与正线会形成平行进路。

1. 车辆基地位于线路端部

线路起（终）点站站后接车辆基地，这种布置方式较好，车辆基地出入线与正线干扰少，有利于运营管理，如图 5-9 所示。

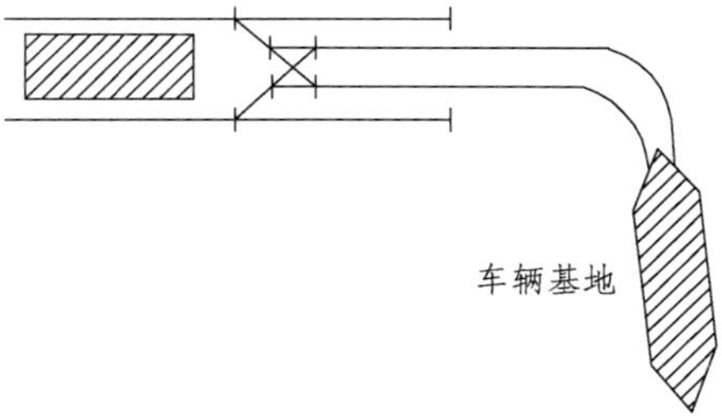

图 5-9　车辆基地位于线路端部

2. 车辆基地位于线路中部

出入线可在车站区域接轨或在区间接轨，分别如图 5-10 和图 5-11 所示。

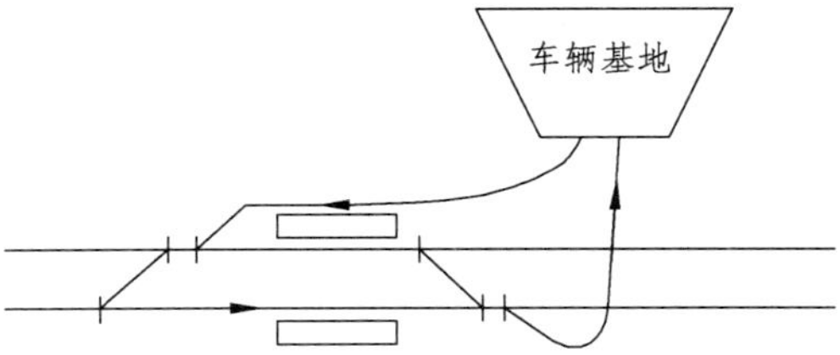

图 5-10　车辆基地在车站（中间站）接轨

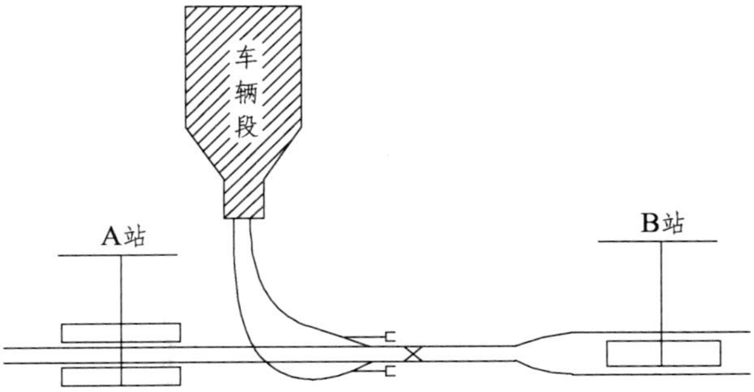

图 5-11　车辆基地在区间接轨

六、安全线

安全线作为列车运行进路隔开设备之一，其作用是防止列车未经允许进入另一列车已占用的进路（线路），避免发生潜在冲突，保证列车安全正常运行。

安全线自道岔前端基本轨缝（含道岔）至车挡前长度应为 50 m（不含车挡）。在特殊条件下，缩短长度可采取限速和增加阻尼措施。

（1）支线与干线接轨的车站应设置平行进路；在出站方向接轨点道岔处的警冲标至站台端部距离不应小于 50 m，小于 50 m 时应设安全线，如图 5-12 所示。

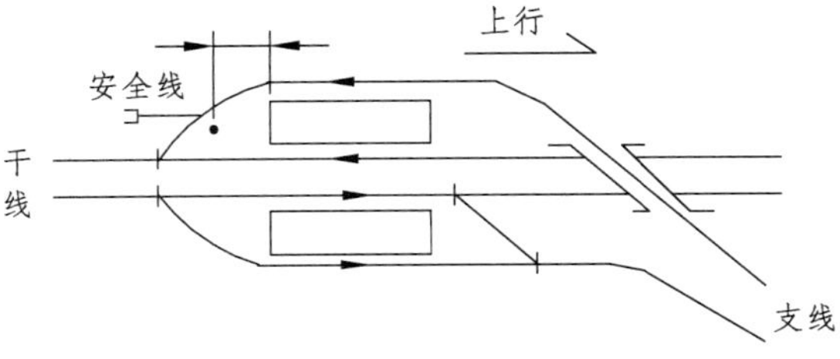

图 5-12　干支线接轨站有到发线时安全线布置图

（2）车辆基地出入线在车站接轨点前，线路不具备一度停车条件，或停车信号至警冲标之间小于 50 m 应设置安全线，如图 5-13 所示。采用八字形布置在区间与正线接轨时，应设置安全线。

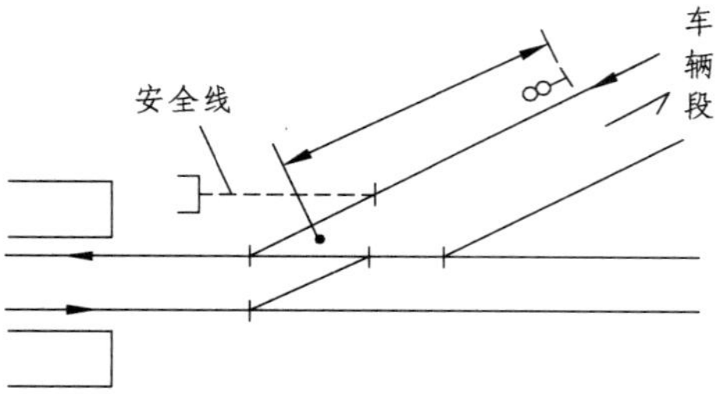

图 5-13　出入线接正线形式

（3）列车折返线与停车线末端均应设置安全线，如图 5-14 所示。

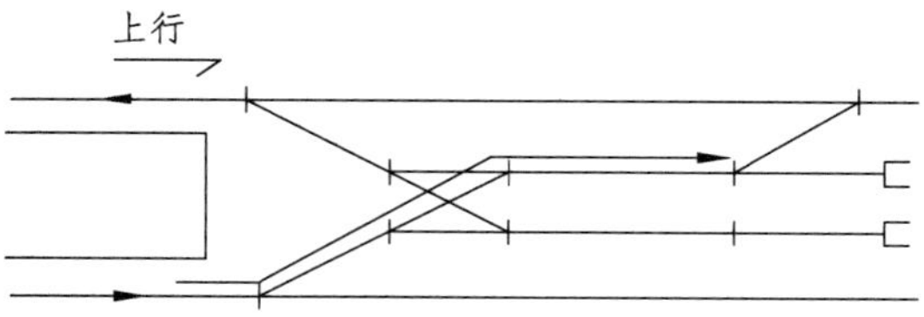

图 5-14　折返线末端接正线形式

任务二　两相邻道岔中心间的距离

一、道岔和线路编号

为便于车站或车辆段生产指挥作业的联系和对设备的维修管理，应对道岔和线路进行编号。同一车站或车辆段内的道岔和线路不得有相同的编号。

1. 道岔编号

目前我国各城市轨道交通车站或车辆段的道岔编号并不完全统一，但会依照一定规律。如图 5-15 所示，车站道岔从两端用阿拉伯数字由外向内依次编号。上行列车到达端编为双数，下行列车到达端编为单数，同一渡线或梯线上的道岔应编连续单号或双号，

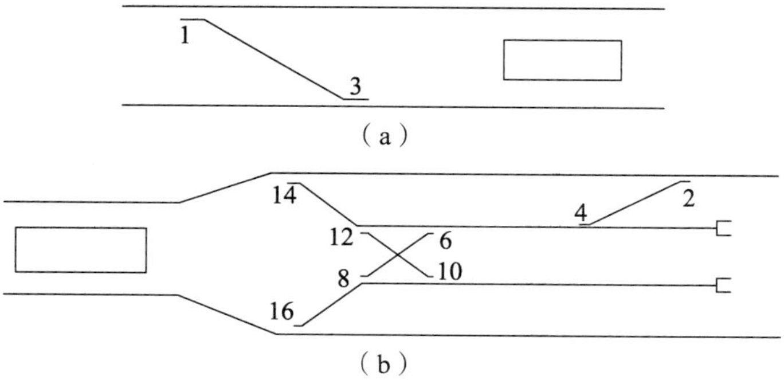

图 5-15　道岔编号

2. 线路编号

线路编号时一般正线用罗马数字，如下、上行正线分别编为Ⅰ、Ⅱ；其他线路依据一定规律用阿拉伯数字编号。

二、线路间距

相邻线路中心线间的距离称为线路间距。线路间距应保证行车和各项作业的安全，满足设置各项设备的需要。它通常由车辆限界、建筑限界、线间设备计算宽度和线间办理作业性质需要的安全余量等因素确定。

城市轨道交通正线一般均为双线，且多为并行线，根据车辆的限宽和安全余量（一般为 600 ~ 800 mm），可得出区间直线的线间距。曲线地段应在此基础上按规定加宽。车站设岛式站台时，线间距则应考虑站台的宽度。车辆段的线间距应满足车体之间通道宽度及车库有关部位的最小尺寸。

三、两相邻道岔中心间的距离

两相邻道岔常见的配列形式有以下几种，如图 5-16 所示。

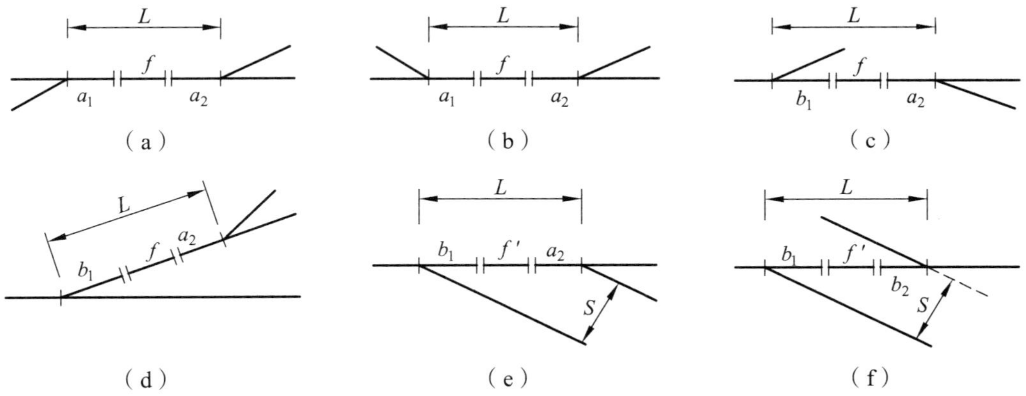

图 5-16　道岔配列形式

（1）异侧对向，即在基线异侧对向布置的两个单开道岔，如图 5-16（a）所示。

（2）同侧对向，即在基线同侧对向布置的两个单开道岔，如图 5-16（b）所示。

（3）异侧顺向，即在基线异侧顺向布置的两个单开道岔，如图 5-16（c）所示。

（4）分支顺向，即在前一个单开道岔的侧线上又分出一个顺向单开道岔，如图 5-16（d）所示。

（5）同侧顺向，即在基线同侧顺向布置的两个单开道岔，如图 5-16（e）所示。

（6）异侧背向，即在基线异侧背向布置的两个单开道岔，如图 5-16（f）所示。

为了缩短咽喉长度以及列车走行距离，并节省工程投资及运营费用，相邻道岔应力求排列紧凑。但如果两岔心间距离太短，则会影响行车的安全、平稳及道岔使用年限。《地铁设计规范》规定，相邻道岔间插入短钢轨长度不小于表 5-1 规定的数值。

可见，异侧对向、同侧对向两种配列形式中，两相邻道岔中心间的距离（L）应为：

$$L = a_1 + f + a_2 + \triangle \text{（m）}$$

式中　a_1——第一副道岔始端基本轨的轨缝中心至道岔中心的距离，m；

a_2——第二副道岔始端基本轨的轨缝中心至道岔中心的距离，m；

f——两相邻道岔间插入钢轨的最小长度，m；

$\triangle$——轨缝宽度（按 0.008 m 计）。

表 5-1　道岔间插入短钢轨最小长度　　　　单位：m

道岔位置		线　别	插入短钢轨长度 L	
			一般地段	困难地段
对向单开道岔	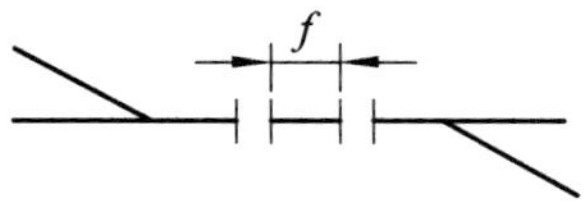	正、配线	12.5	6.0
		车场线	4.5	3.0
顺向单开道岔	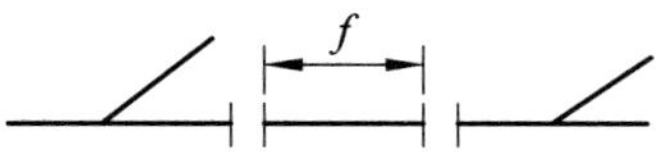	正、配线	6.0	4.5
		车场线	4.5	3.0
背向单开道岔	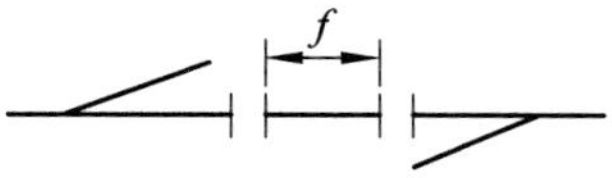	正、配线	6.0	6.0
		车场线	4.5	3.0

异侧顺向、分支顺向两种配列形式中，两相邻道岔中心间的距离（L）应为：

$$L = b_1 + f + a_2 + \triangle \text{（m）}$$

式中　b_1 ——第一副道岔中心至辙叉跟端轨缝中心的距离，m。

同侧顺向、异侧背向两种配列形式中，两相邻道岔中心间的距离（L）决定于相邻线路的最小线路间距（S）。同侧顺向时：

$$L = \frac{S}{\sin\alpha} = b_1 + f + a_2 + \triangle \text{（m）}$$

$$f = L - (b_1 + a_2 + \triangle) \text{（m）}$$

式中　α ——道岔的辙叉角（异侧背向采用辙叉角小的进行计算）。

异侧背向时：

$$L = \frac{S}{\sin\alpha} = b_1 + f + b_2 + \triangle \text{（m）}$$

$$f = L - (b_1 + b_2 + \triangle)\ (\mathrm{m})$$

计算后应验算 f 不得小于表 5-1 中规定的数值。

任务三　线路连接形式

线路连接形式主要有线路终端连接、渡线连接、线路平行错移及梯线连接这几种连接形式。

一、线路终端连接

在站场设计中，把相邻两条平行线路合成一条，这种连接形式叫线路终端连接。

常见的普通线路终端连接是由一副单开道岔、一条连接曲线及道岔与曲线间的直线段组成，如图 5-17 所示。

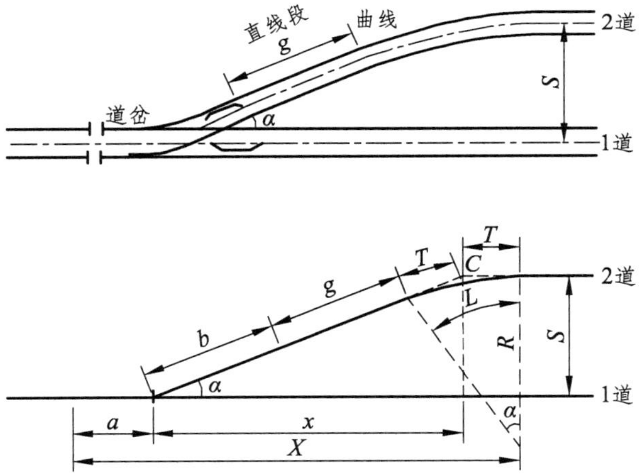

图 5-17　普通线路终端连接

为了标定曲线及全部连接长度，应确定角顶 C 的坐标，即

$$x = (b + g + T)\cos\alpha = S\cot\alpha = SN$$

$$y = (b + g + T)\sin\alpha = S$$

全部连接长度在水平方向的投影为

$$X = a + x + T$$

连接曲线切线长度为

$$T = R \cdot \tan\frac{\alpha}{2}$$

式中　R——连接曲线半径，其值不应小于连接道岔的导曲线半径。

道岔与连接曲线间的直线段长度 g，主要决定于线路间距 S、曲线半径 R 及道岔结构，可根据下式确定：

$$g=\frac{S}{\sin\alpha}-(b+T)$$

g 除应满足线路间距 S、曲线半径 R 及道岔结构的要求外，其最小长度还应满足道岔前后曲线轨距加宽和曲线超高的要求，一般不宜小于 5 m，车场可减少到 3 m。

当两平行线路的线间距很大时（如车辆段等地），如按上述方式连接，则全部连接的长度就很长。为了缩短全部连接的长度，可将道岔岔线向外转一个角，形成缩短式的线路终端连接。

二、渡线连接

为使机车车辆能从一条线路进入另一条线路，需要设置渡线。渡线又分为普通渡线、交叉渡线及缩短渡线。

1. 普通渡线

普通渡线设于两条平行线路间，它由两副辙叉号数相同的单开道岔及两道岔间的直线段组成，如图 5-18 所示。

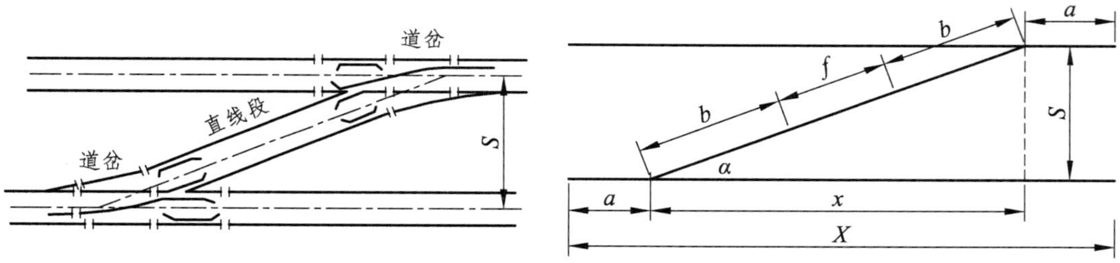

图 5-18　普通渡线

若两道岔的辙叉号数 N 及线间距 S 为已知，则普通渡线在水平方向的投影长度为：

$$x=S\cot\alpha=SN$$

全部连接长度在水平方向的投影长度为：

$$X=2a+x$$

2. 交叉渡线

当连续铺设两条方向相反的普通渡线长度不够时，可将其铺设在同一长度范围内形成交叉渡线，如图 5-19 所示。交叉渡线由四副辙叉号数相同的单开道岔和一副菱形交叉及连接轨道组成的，其全部连接长度在水平方向的投影与普通渡线相同。

图 5-19　交叉渡线

3. 缩短渡线

当两条平行线路间的距离较大时，为了缩短连接长度，可采用缩短渡线，如图 5-20 所示。缩短渡线由两副单开道岔、反向曲线、曲线间直线段及曲线间的直线段组成。

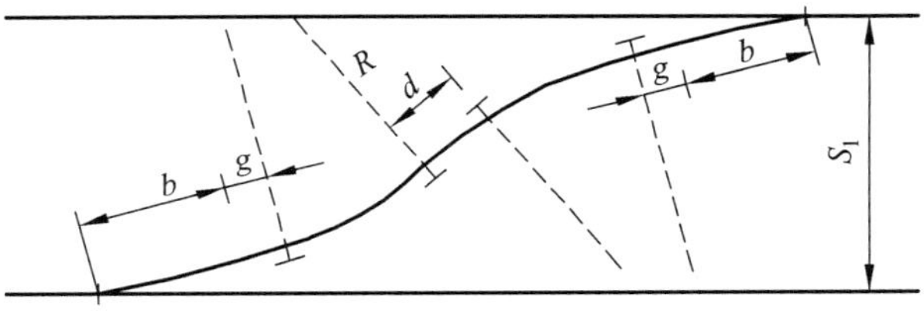

图 5-20　缩短渡线

三、线路平行错移的连接

在两条平行线路间因修建站台或其他建筑物以及某种作业需要变更线路间距时，其中一条线路要平行移动，移动后的线路与原线路之间用反向曲线连接，这种连接形式称为线路平行错移，如图 5-21 所示。

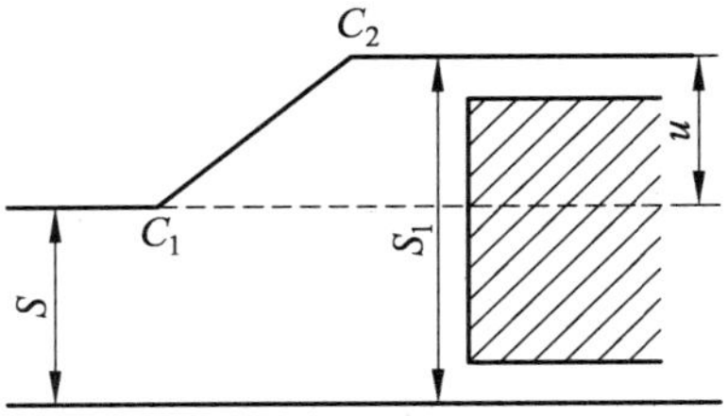

图 5-21　线路平行错移的连接

四、梯线连接

用一条线路将几条平行线路连接起来，这条线路叫梯线。按道岔位置的布置不同，梯线可分为直线梯线、缩短梯线和复式梯线。

1. 直线梯线

直线梯线的特点是各道岔依次排列在一条直线上，如图 5-22 所示。

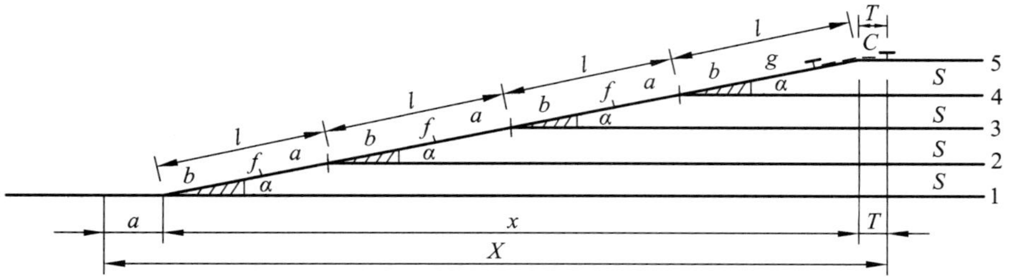

（a）

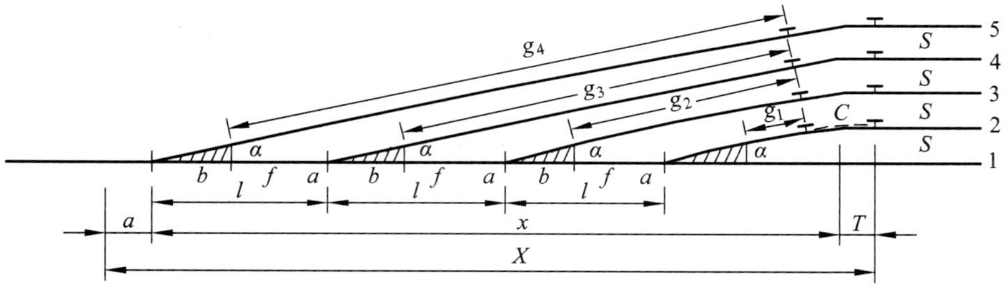

（b）

图 5-22　直线梯线

图 5-22（a）为梯线与各平行线路成一个道岔辙叉角 α，如各道岔辙叉号数相同，且各线路间距相等时，则梯线全长在水平方向的投影为：

$$X = a + x + T$$
$$= a + (n-1)\,l\cos\alpha + T$$
$$= a + (n-1)\,SN + T$$

式中　n——平行线路数；

l——两相邻道岔中心距离。

图 5-22（b）为梯线与各平行线路平行，如各道岔辙叉号数相同，各线路间距相等，相邻线路连接曲线半径为 R，且线路各部分都是平行的，则梯线全长在水平方向的投影为：

$$X = a + (n-2)\,1 + (b + g_1 + T)\cos\alpha + T$$

直线梯线的优点是扳道员扳道时不需要跨越线路，较安全；瞭望条件好，便于检查道岔开通方向。它的缺点是当线路较多时，梯线较长，进入各线经过的道岔数也不均匀，影响调车作业效率，同时，内外侧线路长度相差较大。因此，直线梯线仅适用于线路少的车场。

2. 缩短梯线

当平行线路间的距离较大时，为了缩短梯线长度，可采用缩短式梯线，如图 5-23 所示。

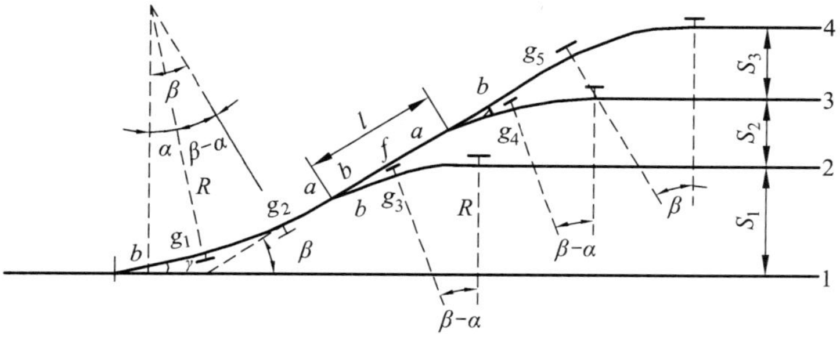

图 5-23　缩短梯线

缩短梯线的优点：在梯线上增加一条附加曲线，能够缩短梯线的连接长度，改善内外侧线路长度相差较大的缺点，还保持了直线梯线的优点。但这种连接形式的曲线较多，进入各曲线经过曲线时对调车作业不利。

缩短梯线连接也仅适用于线路数量较少且线路间距较大的场地。

3. 复式梯线

将几条与基线成不同倾斜角的梯线组合起来，连接较多的平行线路，这种连接形式称为复式梯线。

复式梯线的连接形式可以缩短梯线长度，又可使各平行线路的长度相接近，车辆进入各线路经过的道岔数目相等或相差不多，且还可以变化梯线结构来调整线路的有效长。复式梯线与直梯线相比，缺点是曲线多、道岔布置分散。

车辆段内线路数较多，常用复式梯线连接。图 5-24 所示是连接 8 股道的复式梯线。

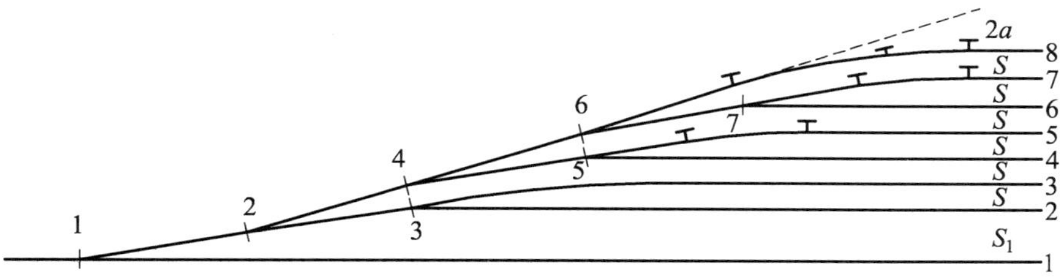

图 5-24　复式梯线

任务四　线路有效长

线路有效长是指股道上能停放列车而不影响信号显示、道岔转换及相邻线路列车作业的长度。

线路有效长的起止范围主要由下列因素确定：

（1）警冲标；

（2）道岔的尖轨始端（无轨道电路时）或道岔基本轨接头处的钢轨绝缘（有轨道电路时）；

（3）信号机；

（4）车挡（为尽头式线路时）。

根据线路用途及其连接形式，用上述各项因素就可以确定出线路有效长。

一、警冲标的位置

警冲标是防止停留在一线上的机车车辆与邻线行驶的机车车辆发生侧面冲撞而设在两条线路交叉处适当位置的一种信号标志，如图 5-25 所示。警冲标距岔心的距离应根据道岔号数及车辆、设备限界计算确定。

图 5-25　警冲标位置

二、信号机的设置

城市轨道交通采用色灯信号机。城市轨道交通采用右侧行车制，其轨旁信号机通常设于列车运行方向的右侧，在地下部分一般安装在隧道壁上。特殊情况下（如因设备限界、其他建筑物或线路条件等影响）可设于列车运行方向的左侧或其他位置。采用不同的城市轨道交通信号系统，信号机的设置会有所不同。在城市轨道交通运营线，一般在 ATC 控制区域的线路上道岔区设防护信号机，其他类型的信号机可根据需要设置。在车辆段入口处设进段信号机，在车辆段出口处设出段信号机，车辆段内其他地点根据需要设调车信号机，如图 5-26 所示。

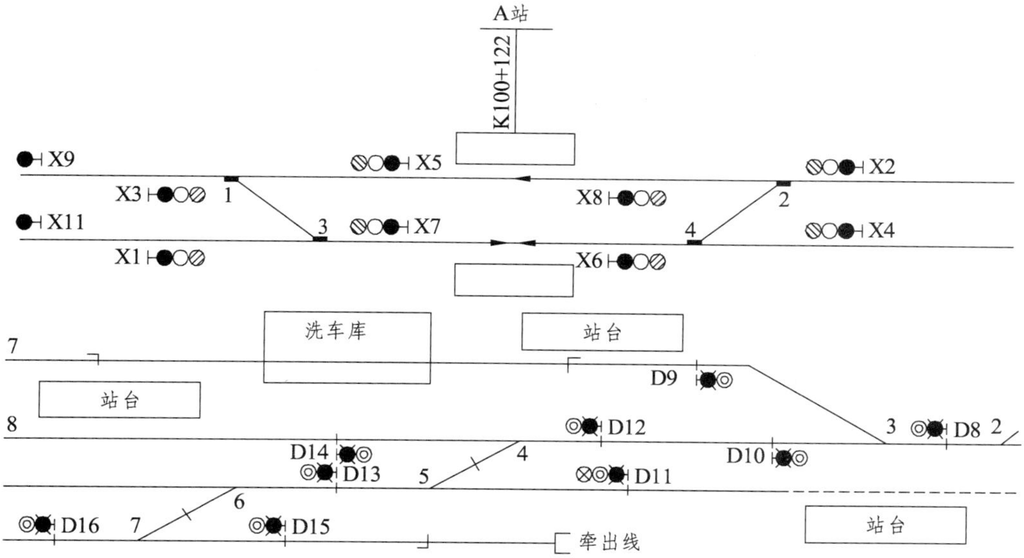

图 5-26　地铁正线、车辆段信号机设置

防护信号机采用三显示机构，自上而下灯位为绿、红、黄（或月白）。绿灯表示进行，运行前方道岔开通直股；黄灯（或月白）表示进行，运行前方道岔开通侧股；红灯表示停车。

阻挡信号机可采用单显示机构，为一个红灯。

调车信号机采用二显示机构，自上而下灯位为白、蓝（或红）。白灯表示可越过该信号机调车；蓝（或红）灯表示不可越过该信号机调车。

复习思考题

1. 城市轨道交通线路怎么分类？
2. 说明城市轨道交通各配线的设置要求与特点。
3. 何谓线间距？线间距如何确定？
4. 两相邻道岔常见的配列形式有哪几种？如何计算其配列长度？
5. 线路连接形式有哪几种？
6. 什么是线路有效长？确定有效长的因素有哪些？
7. 警冲标的作用是什么？
8. 城市轨道交通轨旁一般会设置哪些信号机？

项目六 城市轨道交通线路站场综合实训

一、实训目的与要求

本设计要达到下述目的：

（1）巩固所学课程《城市轨道交通线路与站场》专业知识；

（2）掌握城市轨道交通一条线路车站及配线的设置；

（3）熟悉车辆段的线路及房屋等布置，初步学会站场的设计、计算、查表方法及绘图的基本技能；

（4）培养动手能力，加强基本功训练。

完成课程设计后，应上交下列文件：

（1）背画的某地铁一条线线路布置图；

（2）车辆段详图；

（3）坐标计算资料；

（4）车辆段比例尺平面图（1∶1 000）；

（5）设计说明书。

二、实训内容

（一）背画某地铁一条线线路布置图

要求在规定时间内完成。图上有线路配置、道岔及车站站台设置。

（二）绘制某地铁车辆段（部分）比例尺图

已知资料：该地铁车辆段采用横向尽端式布置方案。

（1）该条地铁线路列车采用 6A 编组，列车总长度为 140 m。

（2）该车辆段需停车 20 列，每条停车线停车 2 列。

（3）该车辆段设置洗车线 1 条，月修静调线 4 条，定修、架修线各 1 条。

（4）其他线路如材料线、牵出线及办公房屋等自定。

三、实训步骤

（一）绘制车辆段平面详图

（1）据资料分析，绘出车辆段详图。

注意：绘详图虽不要求按比例尺进行，但各部分的安排应该协调，同样的设备，其尺寸的大小应该完全相同。如相同的梯线、渡线、道岔及咽喉部分的股道应该平行，以保证整体匀称美观。

（2）线路编号、道岔编号。

（3）设置控制有效长的警冲标及调车信号机（停车检修等线路长度均应在直线部分）。

（4）确定线路间距、道岔号数及终端连接曲线要素（α、R、T、L）。7 号道岔倍角连接曲线要素见表 6-1。

表 6-1　7 号道岔倍角连接曲线要素

$\alpha_{曲}$	R	T	L
8°07′48″	150	10.660	21.284
16°15′36″	150	21.428	42.569
24°23′24″	150	32.417	63.853
32°31′12″	150	43.749	85.137

（5）各车库有关部位最小尺寸见表 6-2。

表 6-2　车辆段车库有关部位最小尺寸　　　　单位：m

项目名称 \ 车库种类	停车库	列检库	周月检库	定临修库	大架修库	油漆库	调机车库
车体之间通道宽度（无柱）	（1.6） 1.4	（2.0） 1.8	3	4	4.5	2.5	2
车体与侧墙之间的通道宽度	（1.5） 1.4	（2.0） 1.6	3	3.5	4	2.5	1.7
车体与柱边通道宽度	（1.3） 1.2	（1.8） 1.4	2.2	3	3.2	2.2	1.5
库内前、后通道净宽	4	4	4	5	5	3	3
车库大门净宽	$B+0.6$						
车库大门净高	$H+0.4$						

注：1. B 为车辆或调车机车的宽度；

2. H 为车辆高度（受电弓电动车辆接受电弓落弓高度计算）或调车机车的高度；车库大门净高未计入受电弓升弓进库状态下的高度；

3. 调车机车库为单线库时，车体与侧墙（或柱）表面之间的距离应有一侧不小于 2 m；

4. 静调库各部分尺寸按定修库设计；

5. 表中停车库、列检库括号内尺寸适用于接触轨供电的车辆；并列数值适用于架空。

6. 办公房屋应做出合理布置。

（二）计算车辆段各点的坐标，并推算各股道长度；坐标精确到小数点后 3 位（以米为单位），有效长精确到米，米以后小数舍去。道岔配列插入最小钢轨长度见教材表 5-1。

（三）绘制 1∶1 000 比例尺平面图

（1）在图纸上的位置：整张图应居中。

（2）图纸上应注明的内容：线路编号、道岔编号、道岔号数、有效长、线路间距、线路终端连接曲线要素、信号机、道路宽度等。

（四）绘图标准与要求

（1）字体要求：字体端正，字迹清晰，大小一致，排列整齐，用公布的简化字，不得用自选字。规格为 5 号字（$5 \times 3.5\ mm^2$）或 7 号字（$7 \times 5\ mm^2$），采用仿宋体。

（2）绘图要求与方法：

线条要匀，相同性质线条粗细一致，横平竖直，尺寸准确（误差不大于 1 mm），图面清晰、整齐，直线与曲线连接圆顺。开始绘图时，不要急于求成，画直线要定三点然后再画。尺要用同把，不要几把尺轮换用。量直线长度不要用短尺分段量取，尽量用长尺一次量取，以减少误差积累，画道岔禁止用量角度的方法，画图开始要轻画、淡写，确定无误后再重笔描黑。

（3）线条及标注标准：

（1）实线：线条粗为 0.5 mm。

（2）线路编号及线路间距、有效长的标注方法如下：

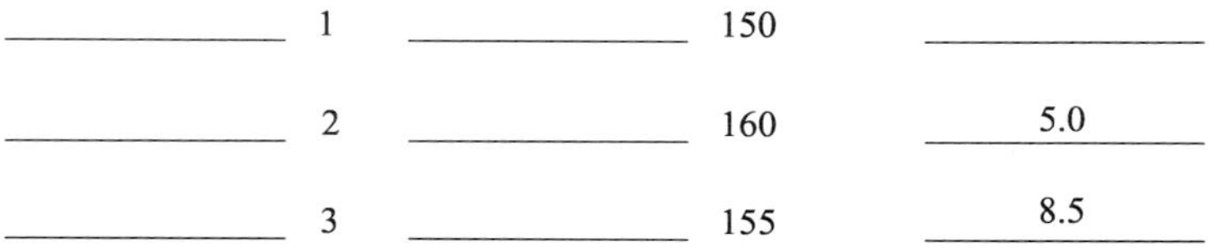

（3）道岔中心用 2 mm 的线段垂直于直线：

（4）圆曲线的四要素及始终点的切点位置：四要素标注在曲线内侧切点标注在曲线外侧。

（五）编写说明书

设计者应以简练的文字，清晰地将自己的设计意图加以说明，并要求书写工整、清洁，杜绝草字。

说明书包括下列内容：

（1）线路数量及长度确定的依据。

（2）车辆段详图确定的根据。

（3）其他应做说明的问题。

四、实训进度表

顺序	内　容	时间分配（学时）
1	背画地铁线路布置图	8
2	整理资料确定各项设备数量等	6
3	画详图并计算坐标	6
4	画比例尺图	6
5	抄写整理说明书，装订上交	2
总　计		28

五、实训评分标准

根据同学对所学的知识综合运用能力及动手能力，参考设计态度，对课程设计进行评分，评分依据为：

1. 背画线路图是否正确。
2. 车辆段咽喉设计是否符合要求，线路车库布置是否合理。
3. 计算及图面尺寸是否准确。
4. 线条是否均匀整洁美观。
5. 说明书是否书写工整认真。

参考文献

[1] 中华人民共和国住房和城乡建设部. 地铁设计规范：GB 50157—2013[S]. 北京：中国建筑工业出版社，2013.

[2] 中华人民共和国建设部. 城市公共交通分类标准：CJJ/T 114—2007[S]. 北京：中国建筑工业出版社，2007：10.

[3] 常治平. 铁路线路及站场[M]. 北京：中国铁道出版社，2016.

[4] 何静，等. 城市轨道线路与站场设计[M]. 北京：中国铁道出版社，2010.

[5] 曾险峰. 城市轨道交通线路与站场[M]. 北京：电子工业出版社，2017.

[6] 梁晨. 城市轨道交通轨道维护[M]. 北京：北京交通大学出版社，2017

[7] 韩宜康，等. 城市轨道交通线路与站场[M]. 北京：中国铁道出版社，2013.

[8] 林瑜筠. 城市轨道交通运输设备[M]. 北京：中国铁道出版社，2008.